Ljudmila Petruševska
BESMRTNA LJUBAV

REČ I MISAO
Jubilarno kolo (1999)
KNJIGA 455

S ruskog preveo
DUŠKO PAUNKOVIĆ

LJUDMILA PETRUŠEVSKA

BESMRTNA LJUBAV

Izabrane priče

IZDAVAČKO PREDUZEĆE „RAD"
BEOGRAD

BESMRTNA LJUBAV

Kakva je dalja sudbina junaka naše romanse? Treba spomenuti da je posle Ivanovljevog odlaska sve ostalo na svojim mestima, kao što je i bilo, jer ne može se zbog odlaska jednog čoveka život premestiti sa mesta na mesto, kao što se ne može zbog dolaska jednog čoveka srušiti krov nad glavama mnogih ljudi, cele ustanove. Tako da to što se Leni, figurativno govoreći, srušio krov nad glavom, i život premestio sa mesta na mesto, u isto vreme nije značilo ništa za sve ostale, za onaj svet, koji je ostao isti kao i za vreme Ivanova, ne obazirući se na to što je Ivanov nestao i što umesto njega zjapi prazan prostor.

I tako je Lena bila prinuđena da ide na posao tamo gde je umesto Ivanova zjapila praznina, i gde je još pre samo nedelju dana ona, tobože u šali, klečala pred Ivanovljevim stolom. Spustila se na kolena i klečala u stavu za molitvu, sklopljenih ruku i zatvorenih očiju, dva metra od Ivanova koji je sedeo za stolom i mirno sređivao neke papire, dobroćudno se smejuljeći, kao da ne vidi u kakvo je stanje zapala Lena. Ona se očigledno, do poslednjeg trenutka, dok Ivanov nije počeo da posprema svoj sto, još uvek nadala da će se nešto dogoditi, nekakvo pomilovanje, da se ne može sve tek tako završiti i proći, i kada je Ivanov pred odlazak počeo da dovodi u red svoje radno mesto, ona se u grozničavom zanosu bacila na kolena. Klečala je tačno deset minuta, i u toku tih deset minuta svi su se ponašali, mada pomalo nategnuto, ipak uobičajeno, nimalo se ne zbunjujući, ne menjajući izraze lica i prihvatajući to normalno, kao da su se u životu često sretali sa sličnim situacijama; svi su to tumačili kao nekakvu histeriju, na koju ne treba obraćati pažnju, koju ne treba suzbijati, da se ne bi pokazalo da veruješ u stvarno postojanje te patnje i očajanja, što se obično izražavaju kroz histeriju.

A i sama Lena je mirno klečala, ne praveći spektakl od svojih osećanja; i najzad ljudi koji su bili prisutni, dva ili tri čoveka, morali su da priznaju da jedino što čoveku ostaje u takvoj situaciji jeste pravo da klekne i da to klečanje prija.

I najzad je Ivanov otišao, a Lena ostala, i nije bilo nikakve sumnje da će Lena na ovaj ili onaj način poći za njim, bez obzira na to što je u rodnom gradu imala obaveze prema majci, sinu i mužu.

Lena nikome nije pričala o svojim planovima za budućnost i radila je kao i uvek, međutim, sprijateljila se sa bibliotekarkom, što je bio simptom bekstva. Stvar je u tome da je ta bibliotekarka Tonja, vrlo draga i tužna plavuša, zapravo bila večita lutalica, avanturistkinja i begunica. I ona je kao i Lena imala nekakav stan u kojem je živela sa ćerkom, ali Tonja je s vremena na vreme bežala od svojih majčinskih obaveza, i dogovorivši se na poslu i ostavivši dete roditeljima, putovala u grad u kojem je živeo čovek koga je odabrala, ali išla je tamo neželjena, neočekivana, spavala na stanici, skrivala se po nekakvim stepeništima, čekajući da voljeni čovek izađe, i tako dalje.

Lena se sprijateljila sa Tonjom i zajedno sa njom provodila pauzu za ručak u raznim barovima i poslastičarnicama, a posle posla išle su do tramvajske stanice da bi se zatim razišle – svaka u svom tramvaju – Tonja je išla u dečji vrtić po ćerku, a Lena kući, gde su je čekale obaveze prema majci, sinu i mužu.

Međutim, kako se posle ispostavilo, sve su to bile obaveze koje nisu zahtevale da budu obavezno izvršene, jer, na kraju krajeva, Lena je ipak otišla u onaj grad u kojem je sada radio Ivanov i vratila se natrag tek posle mnogo godina; tačnije, posle sedam godina, vratila se sa pomračenom svešću, sa manijom gonjenja, vratila se jer ju je dovezao natrag njen muž Albert.

Ovde bi ipak trebalo pojasniti kakve je obaveze imala Lena prema majci, sinu i mužu.

Sve je počelo od rođenja sina, kojeg je Lena rodila u neverovatnim mukama, ali ne viknuvši nijednom. Dete je očigledno takođe pretrpelo velike muke, jer je rođeno sa izlivom krvi u mozak, i posle tri meseca lekar je rekao Leni da, po svemu sudeći, njen sin nikada neće moći da govori, i tim pre, da hoda.

Lena je provela godinu dana s detetom, a zatim je došlo vreme da ide na posao, i ona je krenula na posao pošto je detetu našla bolničarku. Mati joj u svemu tome nije bila od pomoći jer je poludela tri meseca nakon rođenja deteta, očigledno od očaja zbog nepokretne bebe, mada, kako reče bolnički psihijatar, uzroke ludila treba tražiti ne spolja već unutra, i jednak impuls bolesti mogla je da bude i bilo koja druga okolnost, i najbeznačajnija; impuls je, međutim, nesumnjivo postojao.

Onog proleća kada je Ivanov otišao, Lena je bila zaokupljena čisto materijalnim poslovima: iznajmljivala je vikendicu u kojoj je trebalo da živi njen već porasli, sedmogodišnji sin sa bolničarkom, a takođe ona i Albert. Zatim je došao odlazak u vikendicu i dva meseca života u njoj, nakon čega je, u julu, Lena dala otkaz i ostavila i vikednicu, i stan u gradu, i svoju drugaricu, begunicu Tonju; otišla je da se upiše na fakultet, tobože nakratko, a u stvari na sedam godina.

Ona se zaista upisala na novi fakultet, drugi fakultet u njenom životu, iza čijeg internata je nakon tri godine bila odvezena kolima „Hitne pomoći" u duševnu bolnicu, u najmračnijem raspoloženju, ali koji impuls je ovde odigrao svoju ulogu, to nam sada više niko ne može reći.

A sada pogledajmo Ivanovljev put. Ma koliko je bilo čudno, bez obzira na blistavi početak, i on se takođe, mada ne tako brzo kao Lena, našao u mraku i pustoši.

Ipak, u njegovom slučaju, sve je bilo manje složeno, sve je bilo prostije i grublje, nego u Leninom, i objašnjavalo se isključivo sklonošću ka alkoholu. Ivanov je dugi niz godina sam sebi kopao jamu i na kraju se, nakon strašnog skandala, našao na sitnoj dužnosti, sitnoj u poređenju s prethodnima, na dužnosti rukovodioca odeljenja sa dva čoveka – na dužnosti od koje se obično počinje.

Eto, tako je zapravo završila ta veza, kako se svima činilo, odlaskom Ivanova – ali ni sada nije izvesno da li se zaista završila.

Ovde u svoj svojoj divovskoj veličini iskrsava figura Leninog muža Alberta, koji je sve te godine podnosio ono što nije mogla podneti Lena i čak – više: upravo je on, sedam godina nakon Leninog nestanka, krenuo po nju, znajući sve, i dovezao je kući, možda zbog nejasne potrebe za njom, možda zbog sažaljenja prema njoj, koja sedi na svom bolničkom ležaju u udaljenoj četvrti tuđeg grada, lišena apsolutno svega, osim tog ležaja, zakopana u svojoj jami, kao što je Ivanov bio zakopan u svojoj.

U stvari, to između Lene i Ivanova bila je upravo ona besmrtna ljubav, koja, neutoljena, zapravo predstavlja neutoljenu, neostvarenu želju za produžetkom roda, neostvarenu u raznim slučajevima iz raznih razloga, a u našem slučaju iz jednostavnog razloga što je Lena već jednom rodila nepokretno dete i što je bilo pitanje da li ona uopšte može da rađa zdravu decu. Ali bez obzira na pravi razlog zbog kojeg je Ivanov ostavio Lenu, činjenica ostaje činjenica: nagon za produžetkom roda nije bio utoljen i u tome je možda cela stvar.

Ali upravo je Albert taj koji treba da izazove opšte divljenje u ovoj priči, sada već do kraja razjašnjenoj, Albert koji je nakon sedam godina došao po ženu, sa kojom je odavno izgubio svaku vezu. Zanimljivo je kakva su osećanja njega vodila. Ovde sve može da se objasni istom onom besmrtnom ljubavlju, ali to se ne objašnjava tako jednostavno, i divovski Albertov lik ostaje da stoji usred ove jednostavne životne priče.

GRIP

Za sve je očigledno ipak bio kriv grip, mada neki misle drugačije i kažu da je stvar upravo i bila tako jednostavna, kako se činilo na prvi pogled posle ženine priče, i nikakve dubine, skrivene razloge, mešanje raznih okolnosti u ovom slučaju ne treba tražiti; tim pre je smešno navoditi kao razlog – grip – tu čudnu bolest, koja kod svakog teče tako različito, da je ovde čak moguće govoriti ne o konkretnoj bolesti, već o nekoj opštoj predispoziciji za bolest, za razne bolesti, o opštoj slabosti, koja se pojavljuje u isto vreme, u vreme mrazeva. Ali razlozi su se navodili i upoređivali, već je počela mala spontana istraga, i mnogi ljudi su u tome učestvovali: to je počelo još na kremaciji, kada su se neočekivano sreli razni poznanici, koji nisu ni pretpostavljali da ih povezuje još i poznanstvo s pokojnikom. Bilo je mnogo sveta, i to ne računajući i one žene koje nisu došle, poznajući sebe i plašeći se da će zapasti u histeriju od onog užasnog prizora, ali one koje su došle držale su se izvrsno, izuzev jedne koja je bez prestanka plakala.

Ali ni u njenom plaču nije trebalo tražiti nikakve složene skrivene razloge – nikakvu glumu i pozu. Ona se nije pretvarala, zašto bi se pretvarala i igrala ulogu žene koja pati, kad je tako zaista i bilo, mada je nešto drugačije nego što to biva u svim normalnim slučajevima, kad žena postane udovica. Zaista, u njenoj situaciji, sve je bilo užasno zamršeno, i čak stravično, nekako neljudski stravično, i zato je shvatljiv bio onaj uplašeni plač kojim je ona ispunjavala svodove krematorijuma. Svi su je, naravno, žalili, ali ne pristojno, uljudno, površno, ne ulazeći u smisao stvari – žalili su je istinski. Svako je u mislima bio zbunjen njenom situacijom, jer najgore – a ne zna se da li po zasluzi ili ne – je bilo njoj. I ono što se desilo njoj – od toga niko nije bio osiguran, jedino što je retko moglo da dođe do takvog poklapanja slučajnih okolnosti – gripa, gladi, bračne svađe, strašne hladnoće, nepostojanja telefona, posebno naglašene osetljivosti zbog svega toga i tako dalje, a u drugim okolnostima ljudi se ipak prilično mirno rastaju čak i posle dugog bračnog života, kad je sve izgubljeno, sva osećanja, kada se svaka svađa pretvara u običnu svađu dvoje nasumice uzetih ljudi, koje je obuzeo bes.

Tako je i u ovom slučaju sve moglo da prođe potpuno mirno, jer svi su već odavno znali, da oni, taj muž i žena, žive u lošim odnosima. Već se nisu stideli pred drugim ljudima, a još manje pred svojom ćerkom. Gosti su čak retko dolazili kod njih da ne bi postali slučajni svedoci nekih teških, nepodnošljivih scena, ali zbog toga ni on nije prestao da se druži sa mnogim ljudima, a ni ona. Njihovi porodični problemi nisu se ticali nikoga, nisu se smatrali nečim što zaslužuje pažnju. On je bio divan, nežan, osećajan, lak na suzama čovek, sa istančanom savešću i dobrim ukusom. Znao je tri jezika i bio dobar stručnjak u svojoj oblasti i tako dalje – sve što se može dobro reći o čoveku, sve je bilo rečeno nad njim za vreme kremacije, a njegova žena je za vreme tih reči uplašeno plakala, i bilo je neumesno početi odmah govoriti i o njoj dobro, jer je ispadalo kao da je osuđuju, a ona je takođe bila dobar čovek. Ali sve što se govorilo dobro o njemu, sve je to bila nehotična optužba protiv nje, mada niko ništa nije podrazumevao. I, na kraju krajeva, mogla je ona da leži neprepoznatljiva u grobu, sve je zavisilo od slučajnosti, jedino je teško zanemariti to da je ona bila žena i teško ju je bilo zamisliti u tako bespomoćnom stanju u kakvom se on nalazio tih poslednjih pet dana. Sasvim sigurno bi ona, žilava kao i sve žene – majke, nekako našla izlaz iz situacije, ne bi jela osušeni čaj iz čajnika i skrob iz tegle. Ona bi sigurno nešto smislila, našla izlaz iz situacije, otvorila bi vrata od stana i legla na prag, ako ne bi imala snage da izađe. A on je imao nešto snage čak i nakon tih pet dana, uspeo je na kraju krajeva da se uspentra na sims! Ona bi našla izlaz iz situacije zato što je imala ćerku, a to mnogo znači, ne samo u tom smislu da bi ćerka negovala majku, ne: ćerka je bila još isuviše mala, ćerka bi se sigurno zarazila i baš ona, majka, s temperaturom, groznicom i nesvesticama, morala bi da ide u prodavnicu i apoteku i sprema i briše stan mokrom krpom, kako bi dete moglo da diše. Tako da bi bilo teže zamisliti ženu u grobu zbog tako malog, neozbiljnog razloga kao što je svađa. Ali svejedno, svašta se dešava u životu, pa i ženama se dešavaju takve stvari kao što je samoubistvo, i možda čak i češće nego muškarcima, samo ne ženama-majkama. Možda se sve ono što se dogodilo s mužem moglo dogoditi i sa ženom, da nije imala kćer, da joj nije bilo neophodno da živi u svim, bilo kojim okolnostima.

Ali svejedno, ni dete koje žene uvek ističu kao glavni argument svog života, ovde se nije moglo uzimati u obzir. Uostalom, niko nije ni nameravao da optužuje ženu zbog toga što je ostala živa, i nisu bile potrebne nikakve olakšavajuće okolnosti kao što je postojanje deteta. Optuživali su je samo za jednu stvar – i kao i uvek u takvim slučajevima, upravo tu stvar niko nije mogao da shvati i svi su vrteli glavama. Tačnije, dve stvari, od kojih naročito prvu niko nije mogao da shvati. Ženu nisu optuživali za to što nije dolazila da neguje muža tih pet dana, dok je ležao potpuno sam bez ikakvih namirnica i lekova. Na kraju krajeva, ljudi su se posvađali, žena je uzela dete i otišla bez stvari, u onome u čemu je bila i to po takvoj hladnoći – to govori o nečemu, bar o afektu. I potpuno je shvatljivo to što ona nije htela da dolazi, mada nije imala ništa osim onoga što je imala na sebi. Očigledno je htela da što više odgodi dolazak, jer je znala da muž zna da ona mora jednom doći po kofere i stvari. Ta neophodnost, da se ipak vrati i to što muž pokroviteljski zna da žena nema kuda, i da će ipak doći bez obzira na zakletvu da više neće prekoračiti taj prag – sve je to moglo da zadrži ženu i duže od pet dana. Sama čovekova svest o tome da se neko podsmeva njegovoj zakletvi, ubeđen u njenu neistinitost i odglumljenost – ta svest može svakoga podstaći upravo da ispuni ta obećanja, mada je to podsmevanje možda jednostavno iznuđivanje i podsticanje da se ta sa zakletvom izrečena obećanja i ispune.

Sve je ovo, istina, prilično površno da bi se u potpunosti objasnila ona osećanja, koja je preživljavala žena kad je ipak došla po stvari. Ženu je očigledno tištilo to što je bila prinuđena da ipak dođe i što se njena zakletva da neće doći, izrečena u besu i suzama, zaista pokazala kao obična gluma i prazna reč.

I zato je žena, ne gledajući u pravcu muža, koji je ležao na divanu, počela brzo da kupi neophodne stvari, posebno ćerkine udžbenike i ostale predmete potrebne za školu. Žena se očigledno trudila da ne obraća pažnju na muža, ali je ipak primetila i kasnije pričala da joj se učinio prljav, zarastao, veoma mršav, ali ona se, zauzeta svojim teškim poslom, trudila da ne razmišlja o tom utisku. Zatim je uočila prazne kutije i omote, koji su ležali na podu u bari vode. Vrativši se u sobu prigovorila je zbog toga, i tu je ponovo počela uobičajena svađa, potpuno uobičajena, a kad je on zaplakao, žena je prišla ormaru i počela da uzima svoje stvari. Okrenula se, osetivši struju hladnog vazduha. Muž je stajao na simsu. I evo šta joj se kao prvo sada zamera: umesto da potrči i skine muža sa simsa, ona se naglo demonstrativno okrenula i nastavila da uzima stvari. To je trebalo da pokaže mužu da mu ona ne veruje, kao što ni on nije verovao njoj, i da smatra ovaj njegov postupak pozerstvom, ispraznom glumom, željom da spekuliše, hirom, i tako dalje. Ali, s druge strane, to što se ona okrenula prema ormaru, sada se može smatrati direktnim podsticanjem na samoubistvo. To je prvo za šta je okrivljuju. Drugo, kad je on već skočio na glavu sa sedmog sprata, ona nije otrčala dole odmah, nego tek kad ga je hitna pomoć već odavno odvezla. Ona kaže da je u to vreme uzimala stvari. Koliko je prošlo vremena? Sigurno, skoro sat, dok nije pozvana „Hitna pomoć" i tako dalje. Eto, to je drugi razlog zbog kojeg je osuđuju.

Uglavnom, tamo gde je on radio, sada govore kako je u ustanovi bilo četiri i po čoveka, a i od njih se jedan bacio sa sedmog sprata, i koliko god to šaljivo zvučalo, to je činjenica.

ELEGIJA

Niko na svetu ne bi rekao da će se sve to loše završiti. Pre bi rekli da ga je ona tako obavila svojom ljubavlju, da nikakav izlaz i nije imao: kud god bi krenuo, ona bi dotrčala za njim, da sve proveri na licu mesta, sve uredi tako kako je bilo i na prethodnom mestu. To je išlo čak do smešnih krajnosti: ona je dolazila sa ćerkama kod njega na posao – jedna ćerka u naručju, druga za ruku – došli su kod Pavela u goste, da vide kako tata radi. Devojčice su sedale za pisaće mašine, a Pavelova žena je veselo razgovarala s koleginicom koja je sedela nasuprot Pavelu, pričala joj o teškoćama njihovog sadašnjeg života u iznajmljenom stanu. Sve je izgledalo neobično prirodno i umesno, ako se izuzme užasavajuća činjenica, da je cela porodica poput ciganskog tabora došla u ozbiljnu ustanovu.

Nakon izvesnog vremena, Pavelova porodica pozdravljala bi se i odlazila. Devojčicama se jako dopadalo kod tate na poslu i svaki put kad su šetale u blizini, a to se dešavalo veoma često, molile su mamu da ih odvede kod oca na posao, i oni su se ponovo pojavljivali kao da je to najnormalnija stvar, i tada ih je Pavel vodio u menzu i devojčice su jele državni ručak, a njihova mati odmarajući se od briga, sedela je pored muža, i opet su zajedno ostavljali utisak skitajućeg tabora, tako tesno povezani među sobom, prezirući sve formalnosti, pljujući sa svoje visine na plan radnog dana.

Poseban značaj je u tom pogledu imala žena: ako devojčice nisu mogle da razumeju i nisu razumevale svu neumesnost trčanja po hodniku ustanove, njihova majka ipak je mogla da se snađe u onom složenom kompleksu osećanja koja je preživljavao mirni i krotki Pavel, kad se celo to njegovo gnezdo odjednom u punom sastavu pojavljivalo kod njega na poslu. Treba reći da mu služi na čast to što nikada nije ispoljavao razdraženost ili paniku ugledavši svoju omršavelu ženu i dve bele blede devojčice, koje su se, tobože zbog iznenađenja, dugo krile za vratima i radosno smejale kad bi ih otac primetio. Pavel je to shvatao neobično lakomisleno, ne razmišljajući do kakvih posledica mogu dovesti ti porodični ručkovi u državnoj menzi, ti tihi bračni razgovori za plastičnim stolom, pred očima ljudi koji se kreću u redu za hranu.

U početku su to objašnjavali time što Pavelova porodica praktično nema stana i domaćinstva zato što su se oni tek nedavno doselili natrag iz grada u koji je Pavel bio raspoređen da radi posle završetka studija. Tamo nisu stekli ništa, osim dece i vratili su se isto kao što su i otišli – s koferima i bez nameštaja, a Pavelova majka se u međuvremenu udala, tako da je Pavel sa porodicom bio prinuđen da iznajmi stan, i plaća za njega od ono malo novaca koje je dobijao na novom radnom mestu. Upravo to je objašnjavalo zašto Pavelova žena dovodi ceo nakot kod njega na posao, u njegovu jeftinu menzu, s lakim stolovima, gde su odrasli ljudi mogli da odu samo iz nužde ili u žurbi, a ne da svečano vode tamo decu, kao u neki restoran za praznik, samo da se ne opterećuju kupovinama i kuvanjem, već da ga dolično proslave.

Ali Pavelova žena ipak je mogla za sve te godine života u tuđem gradu, da nauči bar nešto jednostavno da kuva i nekako izlazi na kraj sa svojim obavezama domaćice i majke. Mogla bi da se ne oblači tako, skroz u crno, kao da celim svojim izgledom oličava nekakvo živo pošteno siromaštvo, mada je siromaštvo zaista postojalo, jer Pavel je od svoje male plate morao da plaća i alimentaciju za dete iz prvog braka. Imao je Pavel za sobom i prvi neuspeli brak, i šta sve nije imao taj Pavel, koji je već gotovo postigao cigansku hladnokrvnost da usred bela dana hrani decu povećanim porcijama u svojoj menzi, u kojoj su sve servirke znale dirljivu priču o ovoj porodici i hranile je koliko su mogle.

Spokojstvo Pavela i njegove žene, i mir i bezbrižnost u očima njegovih devojčica, koje još niko nije korio zbog njihovih nestašluka, očigledno su magijski delovali i na rukovodstvo, koje je znalo sve o finansijskim i stambenim teškoćama Pavelove porodice, i niko nije imao srca da prekine tu čudnu porodičnu tradiciju, tim pre, što je Pavel obećavao i bio nadaren za posao, kojem se potpuno predavao.

Istina, čula su se mišljenja da sve to u izvesnoj meri podseća na špekulisanje decom, da bi neki takođe mogli dovoditi svoju decu na razgledanje, samo je sramota zbog toga vući decu, i hraniti ih tako kao što ih hrani Pavelova žena.

Međutim, ništa nije smetalo daljim dolascima majke i ćerkica. Ćerkice su bile zdrave i izgledale su uvek isto, ništa im nije škodilo, nikakvi ručkovi, štetni za mnoge odrasle ljude, ali ne i za Pavelovu porodicu, kojoj je očigledno bio svojstven dobar apetit, karakterističan za sve siromašne ljude i skitnice. Nekako su te devojčice izgledale umivene i čiste, nekako ih je mati prala, mada uvek kada bi se bacio pogled na vrt ustanove, jednako su se tamo igrale, u početku zimi, a kasnije i u proleće dve male devojčice, i jednako je šetala sa neizbežnom tašnom u ruci Pavelova žena, u crnom kaputu i crnim cipelama, jer očigledno je bilo da je crna boja – najjeftinija, najštedljivija boja, koja se najteže prlja.

Međutim, vreme je teklo, i približilo se leto, i Pavel i njegova porodica dobili su od ustanove kakvu-takvu, ali ipak sobu, u kojoj je ranije stanovao ložač. Sada se mogao očekivati prestanak porodičnih poseta, sada je muž mogao da otrči kući za vreme pauze, u krilo porodice, gde je žena na sirotinjskoj električnoj ringli, ipak mogla skuvati ručak. Ali ništa slično se nije dogodilo, s jednakom doslednošću deca su dolazila i zauzimala sto, dok su otac i mati stajali u redu, i tako je izgledao njihov vojnički ručak. I uopšte, ništa se nije menjalo u njihovom životu, ništa nije išlo nabolje, mada su sada bili oslobođeni obaveze plaćanja iznajmljenog stana, i u poređenju sa prethodnim periodom, ipak je trebalo da im ostaje više novaca. Ali bilo je očigledno da bi se svaka suma novca pokazala ništavnom u odnosu na ono siromaštvo koje je vladalo u nekadašnjoj ložačevoj sobici.

Pavel je uz dozvolu pretpostavljenih snabdeo sobu državnim nameštajem, nekakvim stolicama, pisaćim stolovima i kancelarijskim ormarom s mnoštvom polica. Pavelova žena je čak priredila slavlje povodom useljenja, i ne trepnuvši pozvala i kolege i rukovodioce, i svi su došli u veseloj gomili i proveli se kao u najboljim studenskim danima u domu, kad je sve bilo državno, i čaše, uzete iz menze, a na novinama krupno narezan hleb. Svi su se divno proveli, Pavel je svirao gitaru, gorela je sveća i svima je bilo prijatno i lepo. Povodom useljenja mladima su poklonjene najpotrebnije stvari, koje su kolege kupovali po spisku, vatreno raspravljajući o tome šta prvo treba kupiti Pavelu. Od strane rukovodstva uručen je gramofon sa pločama, da deca slušaju muziku, ali deca nisu slušala muziku, već čeprkala po vrtu kao i pre, i žena je očigledno zanemarivala sve one poklonjene lonce i tanjire i kao i pre, vodila devojčice u menzu na ručak.

Te studentske navike mogle su svakoga da zbune, stvore utisak da život tek predstoji, da je sve još uvek otvoreno, i svi putevi takođe, i sve će doći samo od sebe i biće kao kod drugih ljudi, i deca će narasti i saznati šta je to porodično ognjište i mir, a ne samo rasklopivi izletnički krevet i plastični sto u menzi. A zasada neka žive kao ptice na grani, neka se nauživaju u potpunom odsustvu stvari i briga, čak i takvih briga kao što je vaspitavanje dece, koje kod njih teče samo od sebe, kao rast trave u polju. Mnogi su zavideli Pavelovoj ženi na umeću da sve postavi tako da je ništa ne opterećuje, da sve teče samo od sebe, sva ta pranja i peglanja i često su žene iz Pavelovog odeljenja navraćale kod nje da popričaju, jer prizor tuđe sreće, potpune sređenosti i potpune slobode najviše oplemenjuje dušu, pogotovo prizor sreće kakva je bila kod Pavela i njegove porodice, kada su mirne, umereno nestašne i neprimetne, kao i sva vaspitana deca, Pavelove devojčice talentovano crtale za državnim stolom, dok Pavel i njegova žena nisu na njih obraćali više pažnje nego što se obraća na travu u polju. I Pavel je mogao sasvim mirno, zviždućući, da sastavlja televizor od nekih nepovezanih delova, a njegova žena je lagano prala rublje i ljubazno pozivala goste da sednu na stare državne stolice – to je ostavljalo neizbrisiv utisak jednostavnosti i slobode kakvu, među onima koje su je posećivale, nije posedovala nijedna žena, možda zbog opetrećenosti svojim nesređenim ili pak potpuno sređenim, krutim okvirima ograničenog života.

Ponekad je do takvih susreta dolazilo i uveče na radnom mestu, kad su na primer Pavel i njegove kolege obavljale neki hitan posao, a Pavelova žena, pošto bi stavila decu u krevet, dolazila je da lepi ili prekuca nešto na mašini. Žene iz Pavelovog odeljenja naslućivale su da Pavelu uveče nije mesto van kuće, da se njegova savesnost ne uklapa sasvim u okvire radne savesnosti, i da je tu verovatnije stvar u izbegavanju porodičnog ognjišta i kućnog rasporeda, koliko god taj raspored bio slobodan. Pavel je još stekao i naviku da uveče radi tehničke prevode ili odlazi u biblioteku, i tu ga njegova žena nije mogla pratiti, vezana za bliznakinje koje je trebalo staviti u krevet, a mlađoj, slabijoj, izmasirati nožicu.

I zato su žene svim srcem bile na strani Pavelove žene i osuđivale Pavela zbog lakomislenosti, i uopšte lakoće s kojom je on povredio interese porodice, odlazeći laka srca na službeni put, što njegova žena jednostavno nije mogla da podnese, mada im je to donosilo novce;

Pavelova žena tih dana čak nije dolazila ni u menzu s devojčicama, samo je navraćala u Pavelovo odeljenje da preko međugradske linije pozove svog odsutnog muža.

S druge strane, neki su odjednom počeli da primećuju kako Pavel zaista mnogo radi i to za svoju porodicu, za koga bi inače, a njegova žena ponašala se tako da se postepeno svima razjasnila Pavelova situacija, u kojoj on nije mogao ni korak da napravi, kao da je opkoljen sa svih strana, nije mogao bukvalno da zakorači iz dvorišta, uvek je za njim izlazila njegova žena sa dve devojčice, ponekad su devojčice, istina, ostajale u dvorištu, i žena je sama trčeći stizala Pavela i išla pored njega, čak i ako je išao u ured, a najčešće je baš tako i bilo.

Šta god da se dešavalo, ona ga je svuda pratila, i Pavel se večito morao osećati opkoljen, što je nesumnjivo imalo posledice: kad su Pavelovu ženu telegramom obavestili o tome da joj se majka razbolela i kada je ona najzad otputovala zajedno sa ćerkama – Pavel samo što nije pomerio pameću, hodao je kao navijen po svojoj sobici, srećom, bilo je samo četiri takve večeri, peti dan su se žena i deca prevremeno vratili, i nije bilo jasno da li se mati tako brzo oporavila ili Pavelova žena nije izdržala toliki rastanak, i vratila se mužu ostavivši bolesnu majku, i još su tri dana posle toga Pavelu stizala pisma od žene koja je već bila tu.

Tako da ovde može biti govora samo o tome da je Pavelova žena uhvatila Pavela u mrežu, lišila ga njegove sopstvene zaštite, nagona samoodržanja, jer on nije mogao da preživi bez nje, i poginuo je već u prvoj situaciji koja je pretila opasnošću – jedne večeri je pao sa zaleđenog krova na koji se popeo da namesti antenu za svoj vlastoručno napravljeni televizor, koji je mogao postati prvi znak predstojećeg blagostanja, budućeg života, ne više nomadskog, nego drugačijeg – odmerenijeg i sličnijeg svim drugim životima. U ovom slučaju televizor je odigrao ulogu simbola, mada posle nečije smrti, sve što joj je prethodilo igra ulogu simbola. U slučaju Pavela, simbolično je bilo to što se on, spotakavši se na krovu, nije uspeo zadržati na njemu i skliznuo je dole. Tako je, na kraju krajeva, kasnije objašnjen taj događaj, ali to rekonstruisanje istine više nije ništa promenilo, i Pavelova žena zajedno sa ćerkama nestala je iz grada, ne odgovarajući ni na čije pozive da ostane, i istorija ove porodice je tako i ostala nezavršena, ostalo je nepoznato ko su zapravo bili ti ljudi, i kako je sve to moglo da se završi, jer svi su svojevremeno mislili da će se sa njima nešto desiti, da će je on napustiti, ne izdržavši toliku ljubav, i on ju je zaista napustio, ali ne tako.

KO ĆE ODGOVARATI

A ko će odgovarati za nevine suze Vere Petrovne, za njene nevine, bespomoćne, staračke suze na bolničkom ležaju, pre nego što je umrla?
Ko će osvetiti krv Vere Petrovne – ne bukvalno krv, krv nije bila prolivena, i ohladila se u žilama, ali tako se kaže: ko će osvetiti krv i to što je pred kraj života Vera Petrovna od raznih preparata postala luda, ni krivu ni dužnu spopale su je neke nejasne i čudne patnje pa je govorila svojim saradnicama – devojkama: „Pokaži kakve imaš gaćice!" Devojke su se vrtele u svojim suknjicama ništa ne shvatajući svojim mozgićima, ne želeći ništa da shvate, uostalom žene jedna drugoj svašta pokazuju – prslučiće, gaćice, koja je gde i pošto kupila neku stvar. Ali uporno, tužno „pokaži gaćice" na kraju života, kada su svi znali da V. P. umire i da će umreti u mukama vrlo brzo – nastavilo je da odzvanja u ušima dugo nakon što je V. P. umrla ležeći na đubrištu, na promaji u hodniku u nekoj zabačenoj bolnici za hronične bolesnike, za beznadežne, uz to i usamljene, koji nemaju nikoga da se zauzme za njih, da ih smeste u bolju bolnicu, a ne da ih bace da umiru u vlazi, dok je svuda okolo promaja i jauk i smrad.
I ovo su takođe zapamtile devojke pošto su nekoliko puta dolazile u posetu V. P. u tu bolnicu daleko na periferiji. One su plašljivo stavljale V. P. namirnice na krevet, a V. P. je proklinjala i plakala pri čistoj svesti, proklinjala čitav taj život, i to što nije išla doktorima zbog bolesti i tako je zapustila. „Ne zapuštajte, devojke" –

govorila je kroz plač V. P. kao da kod devojaka takođe nešto počinje i kao da im predstoji ceo onaj put koji je prošla V. P. od zrele ali hrabre i živahne žene do ovog bradatog, brkatog stvorenja, wateranog u hodnik da umre ležeći sam đavo zna u čemu.

Najzad, one će, te devojke, morati da sahranjuju V. P., ali na tome se sve i završilo, i nikakav spomenik i poseta groba za Uskrs nisu bili predviđeni. Ali šta je tu je, oko V. P. su se stvorili drugi grobovi, ne baš tako zarasli u travu, i na njih nekim danima ipak dolazi rodbina s pićem i jelom, ipak tamo lete ptice i sleću na skromno utočište V. P., ipak raste drveće, a devojke, nekadašnje devojke su već odrasle, sazrele i polako stare, čuvajući u duši onaj osećaj izazvan rečima V. P. „pokaži gaćice", kada su se one savlađujući strah veselo vrtele, da slučajno ne pokažu da se boje i time uvrede staricu, čiji su obrazi već znali za žilet, ali koja nije bila ni za šta kriva. Nije bila kriva – kao i svi mi, dodaćemo mi.

PREKO POLJA

Nikada ga više nisam srela, jednom smo zajedno, jedan jedini put, putovali kod nekoga u udaljenu vikendicu, u radničko naselje; trebalo je ići otprilike četiri kilometra kroz šumu, a zatim preko golog polja, koje je možda i lepo u bilo koje doba godine, ali tog dana je bilo grozno, stajali smo na kraju šume i nismo se mogli odlučiti da krenemo, bila je strašna oluja. Munje su udarale u glinovitu zemlju puta, polje je bilo nekako potpuno golo; sećam se glinovitih rupa, gole, potpuno gole zemlje, pljuska i munja. Možda je na tom polju nešto bilo posađeno, ali do tog trenutka ništa još nije bilo izraslo, noge su se krečile, savijale i grčile u tom propetom golom polju, pošto smo mi odlučili da izaberemo kraći put i idemo pravo. Put je išao uzbrdo i mi smo se glasno smejali, saginjući se iz nekog razloga. On je obično ćutao, kako sam ga ja do tada pamtila, u okviru zajedničkih okupljanja, raznih rođendana, izleta i tako dalje. Tada još nisam znala vrednost ćutanja, nisam cenila ćutanje i na sve načine sam pokušavala da navedem Vovika na otvorenost, pogotovo što smo mi sami putovali sat i po vozom, sami među strancima, i bilo je nezgodno da se ćuti, i nekako neprijatno. On me je pogledavao svojim omanjim, dobrim očima, osmehivao se i gotovo ništa nije odgovarao. Ali to sve nije bilo strašno, moglo je da se preživi, da nije bilo pljuska, koji nas je dočekao na stanici! Moja glava, čista i uvijena kosa, našminkane trepavice – sve je otišlo dovraga, sve, moja lagana haljina i tašna koja se kasnije skvrčila i posivela – jednom rečju sve. Vovik se glupavo osmehivao, uvlačio glavu u ramena, podigao kragnu bele košulje, na njegovom tankom nosu odmah se pojavila kap vode, ali nije bilo druge, mi smo iz nekog razloga polako krenuli kroz pljusak po glini, on je znao put, a ja nisam, on je rekao da je pravo bliže i tako smo izašli u to prokleto polje po kojem su šetale munje iskačući čas blizu, čas malo dalje, i počeli da skakućemo po brazdama glinovite zemlje, međutim nismo skinuli cipele, verovatno smo se postideli jedno drugog, ne znam. Ja sam se u to vreme stidela svih manifestacija prirode i najviše od svega svojih bosih nogu, koje su mi izgledale kao oličenje nakaznosti. Kasnije sam sretala žene sa istim takvim uverenjem, koje nikad nisu išle bose, pogotovo pred voljenim čovekom. Jedna je čak toliko patila zbog toga, udavši se, da je zaslužila muževljevu primedbu: kakve ti u stvari imaš ružne noge! Druge pak nisu patile ni zbog čega, ni zbog krivih, ni zbog dlakavih, ni zbog dugačkih, ni zbog ćosavih – ni zbog čega. I one su bile u pravu, a tada, mi smo išli na prokletim đonovima, kližući se, na korak od smrti i veselili se. Imali smo po dvadeset godina. On je nekako bojažljivo, dobrodušno pogledao, išao na rastojanju od otprilike metar i po od mene: kasnije sam saznala da munja može da ubije dvoje ljudi ako idu zajedno. Ali on mi nije dao ruku, ne zato što se plašio, tog dana ga je u vikendici čekala verenica, i on mi nije dao ruku zbog mladalačke revnosti da služi samo svojoj ljubavi i samo njoj. Ali smejali smo se neverovatno, posrtali na tim zemljanim brazdama i, uprljani glinom, nekako smo se razumeli. Četiri kilometra po glini, na kiši su se vukli neobično dugo: u životu postoje takvi časovi koje je vrlo teško izdržati i koji se vuku beskrajno dugo, na primer robija, iznenadna usamljenost ili trčanje na duge staze. Mi smo ta četri kilometra izdržali zajedno. Na kraju, pored trema on mi je čak pomogao da se popnem na stepenicu i mi smo, smejući se, uz začuđeni smeh okupljenih i prigušeni uzvik verenice ušli u toplu kuću. Sve je otišlo do đavola – njegova i moja odeća, naše cipele, kosa, njemu je na nosu još uvek visila kap vode, ali ja nisam imala bliskijeg čoveka od njega. Maglovito sam naslućivala da sam imala sreću da na životnom putu sretnem vrlo dobrog i odanog čoveka, bogatstva njegove duše zajedno sa kapljom vode na nosu dirala su me do suza, bila sam izgubljena, nisam znala šta da radim. Razmestili su nas po sobama te prazne letnje kućice, još uvek prašnjave, nenastanjene izletnicima, presvukli su me, njega takođe, izveli su nas i dali po pola čaše votke – divota! Za stolom on je s vremena na vreme pogledao prema meni, glupavo se osmehujući, šmrčući, i grejao ruke o šolju s čajem. Ja sam znala da sve to nije moje i da nikada neće biti moje, to čudo dobrote, čistoće i svega ostalog, čak i lepote. Okupirao ga je njegov prijatelj i oni su počeli da igraju šah, čekala ga je i verenica, a ja ga nisam čekala, već sam grejala dušu posle dugog i teškog životnog puta, shvatajući da će me sutra i čak danas odvojiti od toplote i svetlosti i ponovo baciti samu da idem preko glinovitog polja po kiši, i to i jeste život, i treba biti čvrst, pošto svi prolaze kao ja, i Vovik, a isto tako i jadna Vovikova verenica, jer čovek svetli samo jednom čoveku, jednom u životu i to je sve.

JARAC VANJA

Bio jednom jedan odličan – ili loš – pisac, koji za sobom nije ostavio nikakvu uspomenu osim uspomene koja se sastojala u tome što je ostavio sina, odraslog maminog gotovana, i ćerku sada takođe odraslu, koja nije imala nikakve ograde niti moralne obaveze. Da, on je još ostavio i ženu, ali uspomena o čoveku ne živi u liku žene, već upravo u liku potomstva, u našem slučaju sina i ćerke. Isti takvi njegovi sinovi i ćerke, koji su upravo jedini i trebalo da ostanu, odnosno drame i romani – su se uglavnom pogubili, neizvesno na koji način, u burnim posleratnim godinama; u svakom slučaju kad se porodica selila u novi stan, nikakvi rukopisi nisu bili prenošeni. Istina, može biti, da je stara udovica sakrila rukopise u madrace ili ih zašila u jastuke i u obliku madraca i jastuka prenosila ih sa mesta na mesto. Ali zašto? Zašto, zbog čega, za kakva to možda buduća vremena je mogla pocrnela udovica da čuva te bezvredne listove, te rukopise koje niko nije čitao? U svakom slučaju kad je iz južnog univrezitetskog grada zazvonio telefon i kada je muški glas saopštio da se on, postdiplomac Blagov, bavi stvaralaštvcom pisca N., udovica nije mogla da kaže ništa korisno. Isto tako ona ništa nije mogla da kaže Blagovu nu prilikom ličnog susreta, kada je Blagov doputovao u Moskvu i predložio da se sretnu i upoznaju. Lični susret se osim toga odvijao u tuđoj kući, gde je Blagov odseo kod sestre od tetke u sobi u zajedničkom stanu, i za vreme susreta sestra je ulazila, izlazila, presvlačila se, oblačila, krenula u pekaru i uopšte uzev ponašala se kao nezavisna žena, koja nema ništa sa svojim bratom od tetke, bez obzira na to koga je on to doveo u njenu sobu, makar to bili i Puškinovi rođaci, da gledaju kako su joj uflekane tapete i od jeseni neopran prozor. A udovica je u prisustvu ćerke trabunjala svakojake gluposti o svojoj borbenoj mladosti, o svojoj sadašnjosti u obiku rada na polju bibliotekarstva, o teškoćama koje prate rukovodeći položaj i o čitalačkim konferencijama od kojih je na jednu pozvala i Blagova da dođe.

Susret se odvijao u tuđem stanu, a ne u vlastitom bivšem piščevom stanu, pošto tamo nije mogla da stupi ljudska noga – zbog toga što se u jednoj od soba koje su ostale od pisca potpuno zatvorio u sebe njegov sin Kolja, četrdesetogodišnji katatoničar, koji je mokrio samo u flašu i nije znao za vodu i žilet. Zidovi te sobe bili su isprljani posebno jako na Koljinim omiljenim mestima; ležeći on je dodirivao izabrane položaje na zidu mnogo hiljada puta tokom tih dugih decenija kada je ležao, pušio, bučno čistio nokte i šaputao sam sa sobom povremeno urlajući. To bi bila sramota kad bi neko video kako žive udovica i njena mlada ćerka, koja je isto tako bila i piščeva ćerka. Ali s druge strane to i ne bi bila sramota, pošto u njihove sobe niko nije zalazio dalje od ulaznih vrata. U Koljinoj sobi veče je padalo u skladu s prirodnim zakonima, pošto svetla tamo odavno nije bilo. Iz radijatora je zimi kapalo u teglicu kroz zavrtnje, tapete su se na nekim mestima pocepale, mada je uredni Kolja prilikom svakog obilaska sebe po perimetru stavljao parčiće koji su visili na mesto i oni su se zaprljali od dodira tankih poluprozirnih Koljinih prstiju i uvili u rolnice. Kolja se sa dvadeset godina povukao iz života, uplašivši se vojske, ali zvanično posle teškog oblika gripa. Jedino čime se Kolja bavio tokom svetlog dela dana – bio je šah i čitanje šahovskih vesnika. I kad je njegova slava šahovskog kompozitora obišla ceo svet i kad je kod njega počeo da se probija radi upoznavanja mladi Šveđanin – Koljina majka nije ga čak pustila ni u tambur, a sam Kolja je strašno uzbuđen stajao iza vrata i slušao kako mati kiselo odgovara prevodiocu, trudeći se da ih obojicu potisne što dalje u hodnik, gde nisu dopirali teški mirisi Koljinog brloga.

Drugim rečima, Blagov nije ništa dobio tada, a sledeći put, kad je došao u Moskvu posle dve godine, porodica N. preselila se u novi stan, gde još ništa nije stiglo da se pokvari i gde je Kolja vodio novi život uz svetlost električnih sijalica, na podu pokrivenom lakom.

Tako da je Blagov bio primljen u stanu gde je još uvek sve blistalo i sijalo, između ostalog i servis i kristal na stolu, pošto udovica iako je oskudevala u starom stanu, oskudevala je samo prividno, i po svoj prilici, čuvala je kristal i porculan pod nekim krpama u sanducima, u očekivanju boljih vremena. Bolja vremena su došla, i ispostavilo se da je u njima najbolji od najboljih dana bio dan Blagovljeve posete, pošto je stan bio izglancan, a nameštaj, kristal i porculan bili su starinski, i jadni Blagov je mogao da pomisli bog zna šta (i nesumnjivo je pomislio) o glavnom predmetu svoga života – o rukopisima pisca N., koji su nesumnjivo bili čuvani usred sveg tog blaga.

Udovica je, pak, bila na velikom oprezu, pošto je Kolja u svakom trenutku mogao da izađe iz svoje sobe s povikom „ne dajte me". Stvar je u tome da se udovica tokom godina teških patnji opskrbila mnoštvom bolesti, među kojima se u poslednjoj godini sve jasnije pomaljala bolest koja još nije imala oblik, ali ga je uporno tražila. Po nekoliko puta na dan udovica je prislanjala dlan na bolno mesto, i oči su joj se punile suzama. Ona, međutim, nije ništa govorila naglas, pošto nije imala kome da se požali – u biblioteci, mlada zamenica je neprestano hvatala udovicu na greškama, i samo gledala kako da sedne na njeno mesto, pošto je udovica već stekla staž za penziju. Kod kuće su stvari već išle poznatim nam tokom, istina poznatim samo napola, pošto se piščeva ćerka Elza još nije pojavila kod nas na pozornici dešavanja. Ali sedenje kod kuće sa Elzom je bilo isto tako nešto što mati ne bi poželela sebi ni u strašnom snu, sa Elzom su bile samo muke. Na Elzu se čovek uopšte nije mogao osloniti. Upravo to je imao u vidu nesrećni šahovski kompozitor Kolja, koji je cele poslednje nedelje osećao opasnost koja mu je zapretila i upadao na majčinu teritoriju s povikom „Ne dajte me". Jer zaista, kome je udovica mogla da ostavi Kolju i njegove flašice s mokraćom odlazeći u bolnicu na ispitivanje, a kasnije još dalje? Svakako ne Elzi koja je odlazila od kuće i ostajala negde danima, i samo je postepeno nestajanje njenih odevnih predmeta ukazivalo na to da Elza posećuje kuću u radno vreme i nekud odnosi svoje stvarčice, negde živi, i da je uopšte živa.

A Blagov, Blagov je sipao komplimente, njemu se sve dopadalo u toj kući: i ljubazno-otrovna piščeva udovica, koja je stalno vodila računa o posluženju, a u mislima, to se videlo, bila negde daleko (u susednoj sobi, dodaćemo mi), i piščeva ćerka Elza, koja je vodila nezavisan život, tamanila bokale vina, ništa nije jela i nije se mešala u razgovor. Sa njom je Blagov i odlučio da popriča o onom najvažnijem, o rukopisima.

– Oprostite što ću vas na trenutak uznemiriti – rekao je Blagov, kad je mama otišla u kuhinju ili drugde – vi ste bili sasvim mali kad je tata umro?

– Da – rekla je Elza – ako sam se uopšte rodila.

– Shvatam – rekao je Blagov i tužno zaćutao. On nije mogao da shvati šta je Elza htela da kaže – to da se ona rodila već posle piščeve smrti i nema sa njim nikakve veze, ili je htela da kaže kako sumnja da li se ona uopšte rodila ili je sve ovo san.

– Vi ličite na oca – rekao je Blagov, opovrgavajući tom rečenicom i prvo i drugo tumačenje Elzinog odgovora. – Ja imam njegov portret. Vrlo lep čovek.

A u stvari, Elza nije imala u vidu ni prvo ni drugo tumačenje, ona jednostavno nije htela da Blagov zna koliko joj je godina.

– Ja ga nisam poznavala – rekla je Elza.

– Hoćete li da vam poklonim njegovu fotografiju? Ja imam duplikat.

– Da – odgovorila je Elza, i u tom trenutku iza zida se začuo zveket stakla i neko je potrčao. – Nama nije ostala nijedna slika. On je ostavio majku.

– Tako, dakle, vidim ja da ona sve bolno prima... Ona je puno patila zbog toga?

– Ne znam, mene još tada nije bilo – rekla je uporna Elza, mada je u to vreme već imala pet godina.

– Znate, evo ja koliko se bavim sudbinama pisaca, uvek kod njih nešto nije kako treba. Čudni životi, obogaljeni ljudi unaokolo... Kao da ljudski rod živi neko vreme, a zatim se raspada na komadiće zbog toga što se pojavi pisac i sve poruši. Blago vama, vi imate divnu mamu...

– Da, mama je u redu – rekla je Elza.

– Ona je verovatno sačuvala neke očeve stvari?

– Kad kažem stvari – mislim na dela.

– Stvari? Kačket. Kožni kaput...

– Ne, ja bih znala. Ja sam u detinjstvu preturala sve po kući.

– Pa gde je to onda?

– Otkud znam. A šta je bilo?

– Pa, jedan veliki roman, povesti, nekoliko komada, priče, dve zbirke najmanje...

– Mislite na „Jarca Vanju"?

– Šta je to „Jarac Vanja"?

– To mi je brat pričao, on je čitao.

– Vaš brat? A mogu li da se nekako sretnem sa njim?

– Evo, kad mama dođe.

Ušla je zadihana udovica, s crvenim posle pranja rukama, i odmah dobila pitanje da li je moguće upoznati Kolju.

– Ne, šta vam je, to je nemoguće. I uopšte, oprostite mi, ja sam se tako umorila ovih dana...

I udovica je stavila ruku na stomak i oči su joj se napunile suzama.

Blagov je ustao, ustala je i Elza uzevši sa stola flašu vina.

– Kuda ćeš? – upitala je udovica.

– Da ispratim gosta – odgovorila je Elza.

Dalje nije potrebno opisivati kako je Elza predložila Blagovu da dovrše vino u ulazu, i kako se Blagov smatrao dužnim da pozove Elzu u kafanu, i kako su sedeli u kafani i stvar se ipak završila u ulazu, gde su, zbliživši se tokom dvosatnog trčkaranja, Elaza i Blagov ispili flašu, i na veliko Blagovljevo iznenađenje počeli da se ljube.

Blagov, uostalom, ipak nije ništa postigao, ali pošto mu je magistarski rad bio zasnovan na četri spisateljske sudbine (nova otkrića i istraživanja), on je, mada ne bez žaljenja, jednostavno završio rad sa tri spisateljske sudbine.

VERINI DOŽIVLJAJI

Ta u suštini potpuno shvatljiva ljubav nije počela kod mlade devojke Vere odmah, pošto čovek kad dođe na novo radno mesto, ne vidi odmah sve, već se neko vreme navikava, pre nego što počne sve da razlikuje po imenima.

Vera je dospela na novo radno mesto preko oca koji je mogao da je zaposli još odavno, kad je Vera tek počinjala svoj radni vek kao pomoćnica prodavca. Ali Verin otac nije želeo da je zaposli u istoj ustanovi gde je i sam radio, zato što se plašio raznih iznenađenja sa Verine strane, i njegove bojazni potvrdile su se bukvalno mesec dana nakon što se Vera zaposlila na novom mestu i tek što je počela da razlikuje sve po imenima.

Naravno, otac se već unapred plašio da se Vera može raspomamiti na novom poslu od tolike količine muškaraca. Razlog za to bio je taj što je Vera tokom četri godine radila za tezgom u jalovoj atmosferi međusobnog promatranja, pitanja i odgovora, u atmosferi razgovora starijih prodavačica; na neku drugu dušu to možda ne bi ostavilo traga, ali otac je već sada jasno video jednu stvar, da Vera veruje svim muškarcima osim njega. Otac joj je govorio da ne sme tako slepo da veruje, da treba barem da bude ponosna devojka i da se ne gubi u toj meri i ne plače i ne pada u nesvest, i sve to počev od svoje šesnaeste godine.

Da je bilo po njegovom, otac bi odavno poslao Veru u popravni dom, i on je o tome govorio i danju i noću, mada ništa nije preduzimao, a zatim je ona napunila osamnaest godina. Ali treba reći, da je i sa četrnaest i sa dvanaest i čak sa deset godina Vera bila fizički razvijena skoro kao i sa osamnaest, bila je napredna, mada je njen um, po mišljenju učitelja, veoma zaostajao za njenim fizičkim razvojem. Učiteljica je poštovala Verinog oca, govorila mu je da ne zna šta će biti sa Verom kada napuni četrnaest, ali Vera je napunila i četrnaest i najzad stigla do šesnaeste i tada je napustila školu i samostalno se zaposlila kao pripravnica kod prodavca.

I tamo za tezgom, Vera je četri godine vodila život koji je spolja bio svima shvatljiv, ali unutra jednako složen i teško objašnjiv, kao i životi svih drugih ljudi. Spolja je sve bilo shvatljivo i to je upadalo u oči svima, i po tom prividu sudili su ljudi o Veri, iako su se iste takve spoljašnje okolnosti mogle naći kod hiljada devojaka, a svaka devojka suštinski se razlikuje od drugih.

Ali svejedno, to uopšte nije služilo kao opravdanje Veri u očima drugih, i samo drugarice, koje su se nalazile u istim takvim spoljašnjim okolnostima i unutar tih okolnosti, i koje su bez obzira na prividnu sličnost, bile potpuno različite, samo te različite drugarice koje su u zadatim uslovima svaka na svoj način rešavale svoje životne probleme, samo su te drugarice shvatale Veru i smatrale je onostranim, idealnim stvorenjem i često joj govorile, tapšući je po ramenu: „pozdravio te Ivanica-budalica!" U takvim slučajevima pričalo se samo o ljubavi, jer o čemu drugom mogu između sebe govoriti devojke od osamnaest godina! Naravno, i o filmovima, i o sportu, i o knjigama, i o vremenu, i o svojim majkama, i o novcu, i o strašnim slučajevima na ulici, i o tome da su prevara i nepravednost grozni, i o detinjstvu, o umoru, kako bole noge i zagušljivo je, i o problemima na poslu. O svemu o čemu govore ostali ljudi, o tome govore i one, i to se ne može sakriti, da su one iste kao i svi. Ali u jednoj stvari razlikuju se od ostalih ljudi – te devojke puno pričaju među sobom o ljubavi i prijateljstvu, prekidaju jedna drugu, analiziraju, koriste intuiciju ili jednostavno okreću glavu od svega, ispovedaju se, plaču i, najzad, stiču u tim razgovorima nekakvo životno iskustvo, koje im vremenom zatvara usta i ostavlja ih nasamo sa sobom da vode svoju usamljenu borbu.

Ali otac ništa od toga nije primao i nije želeo da prima i uzima u obzir ono osećanje prijateljstva i snishodljive ljubavi koje su gajile prema Veri njene drugarice, to je otac jednostavno smatrao kolektivnim moralnim propadanjem, i zato ju je on potpuno podržao kad je Vera poželela da ode iz prodavnice, i odlučio da je zaposli u svojoj ustanovi, gde će mu biti blizu i gde će moći da dobije informaciju o tome kako se Vera ponaša u roku od dva-tri dana.

On je, naravno, uzimao u obzir i to da se može smatrati da Vera, koja je do tada posmatrala život iza tezge, takoreći još nije ni živela u svetu, kao da je monahinja ili da je izašla iz devojačkog doma, sa svim posledicama koje otuda proizlaze. Ali otac se uzdao u sebe i pridavao sebi u daljem Verinom životu vrlo veliki značaj, neopisivo preuveličan značaj, isto tako zasnovan na regulisanju nekih čisto spoljašnjih okolnosti.

I taj pogrešni sistem se vrlo brzo pokazao, pošto, znajući sve, otac nije mogao ništa promeniti, pošto se nije dešavalo ništa nezakonito. Verin otac uskoro nakon njenog zapošljavanja dobio je informacije o tome da se Vera ponaša, ne može se reći nepristojno, ali nekako čudno veselo i još ne stigavši da se skrasi i da zapamti dobro sva lica, već vodi neke dugačke razgovore preko internog telefona i u hodniku uopšte, oseća se kao na igranci, o čemu svedoči prekomerna šminka koju ta mlada kaćiperka stavlja na kožu lica. I već po njenom licu videlo se da je ona spremna da se baci u bujicu uživanja sa bilo kim, zbog toga što su joj posle stajanja za tezgom, očigledno, svi muškarci izgledali kao polubogovi, koji su nosili u sebi mogućnost ljubavi.

Sa zakašnjenjem od jedan do dva dana saznao je Verin otac, sav prestravljen, recimo da je Vera već otkucala nekom pismo na mašini, i sa trijumfalnim izrazom odnela ga u ekspediciju. U pismu, adresiranom na nekog Drača I. E., saznao je otac, Vera je zahvaljivala na vraćenih 5 (pet) rubalja i saopštavala da ne može da da Tanjinu adresu zbog toga što je, kao prvo, Tanja nije ovlastila da to čini, a kao drugo, ta adresa nije joj poznata. „S velikim poštovanjem i još jednom hvala za pet rubalja – Vera Sergejevna" – tako se završavalo to pismo. Otac se postepeno smirivao, izračunavši u glavi, da je to samo odjek dvanaestodnevnog Verinog odmora, koji je ona provela u odmaralištu.

Zatim je otac saznao da je Vera uporno tražila sastanak sa jednim proćelavim službenikom sportskog izgleda, radi razgovora o tome zašto je taj službenik u poslednje vreme, tačnije posle njihove zajedničke vožnje njihovim kolima posle radnog dana, odjednom počeo da izbegava Veru i poručio preko Verine drugarice da „nije trenutak", a u stvari to je bilo jednostavno posledica jezive scene koju mu je napravila žena balerina koja je sve saznala, iako je ćelavi vozao Veru po dalekim predgrađima, izbegavajući ona mesta gde su živeli poznanici.

Naravno, za Veru je mnogo toga ipak ostalo nepoznato, može se reći da ona ništa nije saznala i slika večernje vožnje kolima uz zvuke džeza dugo ju je proganjala, bila etalon nedostignute sreće i neostvarene ljubavi, i Vera je mesec dana bila tužna, spremna da ceo život voli daleku sliku.

Otac je, istina, želeo da otkrije Veri svu istinu, svu komičnost njene ljubavi i patnje, ali nije mogao, isto kao što u svoje vreme nije mogao da Veru da u dom, a u međuvremenu se desio sledeći događaj. Uveče je Veru zamolio da ostane radi kucanja uz diktiranje mladi talentovani saradnik, as svoga posla, koji je nedavno podneo molbu za razvod s romantičnim obrazloženjem „zbog odsustva dece", koju on zaista nije imao, i uz sve to, bio vlasnik praznog zadružnog stana.

Vera je sledećeg dana došla na posao raznežena, ozarena, puna očekivanja, sa ozbiljnom tugom u duši i sa ubeđenjem da takvih kao što je on više nema i da je to za nju sreća za ceo život, čak i ako ničega ne bude. Da je to retkost, takvi kao što je on, koji ništa ne traži, ne insistira ni na čemu već prvo veče, već samo moli ženu da ga ne ostavlja samog u toj ćeliji-samici, kad su već došli u tu zabit, u zadružni stan i najviše na šta se odlučuje jeste da čvrsto zagrli ženu i ništa više.

Ni od toga isto tako nije bilo ništa, pošto je taj relativno mladi službenik takođe počeo nekao uplašeno da izbegava Veru i čak je izbegavao da je gleda, kao da je, moglo se pomisliti, bio u strahu da će ga ona podsetiti na nešto loše, i nije želeo o tome ništa više da zna niti da čuje. Do Verinog oca stigle su u punom, nepromenjenom obliku reči mladog čoveka koje je on rekao u odgovoru na primedbu da Veročka plače i namerava da da otkaz – to su bile sledeće reči: „Neka donese potvrdu od lekara da je zdrava, u tom slučaju pristajem, nema problema." To je bilo rečeno pred svima i svi su se smejali.

A Vera i dalje ništa nije shvatala i pomišljala je da je on jednostavno saznao za vožnju automobilom, i bila spremna da vreba tog mladog službenika i uverava ga da tamo nije bilo ničega, da je sve to greška i da on ne treba da prima to k srcu; da je ona imala probleme u životu, ali nije kriva zbog toga i tako dalje, bila je spremna da mu, jednostavno, izloži svoji biografiju, mada nikome na celom svetu tako nešto nije bilo potrebno.

Otac je, pak, takođe bio spreman da objasni Veri sve, ali nije imao hrabrosti da prizna da on sve zna, pošto nije znao kako će Vera odreagovati na to, ona je najzad mogla da izvede nešto strašno, a potpuno objašnjenje svih okolnosti za nju više nije značilo ništa, s obzirom na to da je ona pala u mrežu čiste, svetle ljubavi.

To je kod nje trajalo prilično dugo, i ona je mehanički izvršavala svoje obaveze, jedva nešto malo jela u menzi, kod kuće je rano legala u krevet i uzimala u biblioteci knjige pesama. Može se reći da je ona izgubila volju za život u svojoj dvadesetoj dodini i drugaricama sa posla žalila se da se oseća kao oronula starica.

Ali pre nego što je usledila odlučujuća, glavna ljubav u tom periodu njenog života, Vera je doživela još jednu dražesnu, tužnu simpatiju prema još jednom službeniku iz svog odeljenja, čoveku niskog rasta, koji ju je značajno oslovljavao sa „vi" i šegačio se i sprdao sa njom, zvao je Vera Sergejevna i ponekad kad su bili sami dozvoljavao sebi da joj ukrade poljubac ili uradi nešto slično. On bi živnuo nasamo s njom, pričao joj zanimljive priče iz intimnog života čovečanstva, ponekad joj donosio stare, veoma stare knjige o ljubavi, koje su se mogle čitati samo iz fioke, da slučajno neko ne bi primetio.

Vera se navikla na tog čudnog čoveka, koji je sa njom bio sasvim drugačiji nego što je bio u odeljenju, nije bio tako energičan, nije tako vatreno srljao u borbu za pravdu, nije bio tako nepomirljiv u poslovnim pitanjima, niti beskompromisan čak i kada se radilo o nečijem duševnom miru. Sa Verom, on kao da je postajao opušteniji, raspojasaniji, odbacivao je stroge okvire i poslovna razmišljanja i dešavalo se ponekad da je u Verinom prisustvu sa zadovoljstvom psovao nekoga, često koristeći najvulgarnije izraze, davao je sebi oduška. Od Vere, pak, iz njenog malog sobička, on je vodio isključivo svoje privatne razgovore telefonom, sa uživanjem ništa ne skrivajući od nje, govoreći sve reči naglas i zabavljajući se njenom zbunjenošću i time što se ona pravila da ne želi da sluša takve stvari.

I ta simpatija završila se nekako čudno, mada se Vera već navikla na malog i ponekad mu stavljala ruku na rame i govorila: „Pa kako je, moj prijatelju?" Ta simpatija završila se ovog puta time što je mali zamolio Veru da iskoristi svoje ranije trgovačke veze i nabavi mu kaput, pošto on sam ne može da nađe svoj broj. I Vera je započela burnu aktivnost, zaista je angažovala sva svoja ranija poznanstva, i najzad su joj odredili dan i sat kad mali treba da dođe po uvozni kaput.

Tog dana bio je mali iz nekog razloga odsutan, i Vera je, da ne bi išla u odeljenje i traumirala se, počela periodično da zove telefonom i pita kada će on doći, na to su je pitali šta da mu poruče, i ona je monotono odgovarala da zove Vera Sergejevna i da moli da joj se on javi u vezi sa kaputom. Najzad, posle određenog broja poziva, počeli su joj odgovarati glasovi prigušeni smehom, i slušalica je dugo ležala na stolu, kao da je neko odlazio da ga traži, a zatim su slušalicu polako i pažljivo spuštali na aparat.

I kad se najzad mali sutradan ipak pojavio kod Vere, održao joj je mali ali razdraženi govor o tome kako se treba ponašati u ustanovi u kojoj radiš, i kakva treba da bude kultura razgovora preko telefona, i na tome prekinuo sve priče i sedenja kod Vere na stolu, celokupno njeno vaspitavanje, kako je on to nazivao.

Ma koliko je to bilo čudno, i ta mala epizoda neobično je snažno potresla Veru, kao da ju je ostavio čovek koji je voli, kojem se ona već prilagodila i na kojeg se počela navikavati i nalaziti u njemu lepotu, mada ničeg sličnog nije bilo, već se radilo o nečem drugom čemu ona nije mogla da pronađe naziv.

I isto tako se tresao njen otac kad je opet kroz dva dana saznao da je u odeljenju koje je Vera zvala u to vreme vladala praznična veselost i svi su čestitali jedni drugima što je najzad kod Vere došao na red i taj mali službenik, i kad se on pojavio, bukvalno su ga uništili tim kaputom i tim pozivima. Pri čemu se proćelavi saradnik izjašnjavao o Veri sa gađenjem i čak sa izvesnom zlobom, mada smeškajući se, kao i svi, a onaj mladi romantičar – blaže, tolerantnije, sa dozom svepraštajuće ironije, ne dajući sebi slobodu da se iskaže u punoj meri iz poštovanja prema prisutnim ženama. I nikakvi izgovori o stvarnoj potrebi za kaputom nisu uzimani u obzir, svi su samo žalili malog službenika zato što je on postao žrtva i on se sam na kraju predao i tiho se nasmejao i rekao nekoliko reči u čisto muškom društvu posle čega se začulo bukvalno divljačko urlanje sa suzama od smeha.

I najzad je usledio najvažniji period u tom malom delu Verinog života, kada se ona na svoju nesreću zaljubila u rukovodioca odeljenja, koji joj je, vrativši se iz inostranstva, dugo diktirao izveštaj o putovanju i puno i duhovito pričao pored izveštaja – samo njoj, kao dostojnom sagovorniku – kako se u stvari sve dešavalo, otkrivajući razloge pojedinih postupaka pojedinih ljudi i duboko žaleći zbog toga što nije sve ispalo onako kako je moglo da ispadne radi potpunijeg rezultata.

Vera je posle tog poverljivog razgovora nekoliko dana bila potpuno van sebe, izgubljena, bukvalno ne znajući šta se sa njom dešava. O njenom stanju, isto kao i o šefovom odnosu prema njoj niko ništa nije saznao, pošto je odeljenje moglo samo da nagađa šta se dešava u šefovoj duši i zašto on nekad divlja i besni, a nekad jednostavno zapanjuje sve svojom verom u čoveka, potpuno neosnovanom, idealističkom, nesavremenom, besmislenim i dirljivom. Isto kao što je i šefu bila nedostupna informacija o istim takvim osećanjima odeljenja.

Da je Vera sedela u odeljenju, da se ona prožela tim sarkastičnim, svevidećim dobrodušnim duhom kolektiva, ona bi, možda, izbegla mnoge greške u svom životu, ali, s druge strane, ranije bi je prožeo slatki otrov ljubavi prema šefu, pošto je nad svima u kolektivu lebdeo duh šefa, njegova individualnost. Sve je ispunio njegov lik, njegove navike, njegove simpatije i antipatije, njegove smešne osobenosti i njegova patetična uopštavanja sa kojima je nastupao na sastancima.

To nije bila telesna ljubav, to bi bilo smešno očekivati od tih muškaraca i žena, koji su sedeli u odeljenju. Ali to je ipak bila prava zaljubljenost sa uzbuđenjima i radošću zbog šefovog pojavljivanja, s očekivanjem susreta nasamo, s lupanjem srca od njegovog pogleda, s pridavanjem izlišnog značaja njegovim, po svoj prilici, beznačajnim rečima i slučajnim postupcima. Nekako se unapred podrazumevalo da ničeg slučajnog, ničeg neosvećenog nekakvim višim ciljem, ničeg običnog kod njega ne može i ne treba da bude, a njegovi nedostaci koje su svi delimično znali bili su upravo oni koji izazivaju bol samo kada ih voljeno biće ispoljava. Dešavala su se i razočaranja u njega koja su prelazila u mržnju i borbu sa njim, što je isto tako ličilo na razočaranja u nekad voljenog čoveka.

Veročka ništa od toga nije ni pretpostavljala i atmosfera zajedničkih sastanaka, gde je ona, osamljenica, jedino mogla da se prožme tim slatkim otrovom sveopšte budne, ljubomorne pažnje prema šefu, ta atmosfera nju nije doticala. Njoj je bio nepoznat taj obilk privrženosti – kod njih u prodavnici, one, prodavačice složno su prezirale direktora, i u slučaju potrebe hrabro ulazile u sukob i govorile mu u lice sve što su mislile o njemu. Iza svega toga kod njih je stajao neoprostivo površan, ravnodušan odnos prema boravku na tom ili nekom drugom radnom mestu. „Niže nas ne mogu spustiti" – govorile su prodavačice skupivši se na pauzi za ručak u bifeu.

Zato se može reći da je Vera prvi put u životu sa neverovatnom punoćom osetila usmereno prema njoj poverenje koje dolazi od pretpostavljenog, jednostavno, poverenje, bez tajnih pomisli, poverenje usled trenutnog raspoloženja duše, koja moli za nečije divljenje, pri tome bez bojazni da će to divljenje biti veštački iskreno, sa mnogobrojnim tajnim pomislima. U slučaju Vere i šefa dve duše srele su se na istom stupnju prirodnosti, oslobođenosti od bilo kakvih sporednih pobuda. Poverenje i divljenje izvodili su svoj nežni duet, dok je šef diktirao, a Vera kucala.

I takva čistota odnosa, takav polet i sjedinjenje duša nisu mogli proći bez traga za jadnu Veročku i za šefa. Nakon izvesnog vremena, razveselivši se tokom narednog diktiranja, šef se opkladio s Verom u vezi sa glavnom ulogom u jednom filmu, opkladili su se po takozvanom „američkom sistemu" – odnosno onaj ko gubi ispunjava bilo koju želju onoga ko dobije.

To je bio stari metod koji je šef znao još iz vremena njegove radničke mladosti, a Veročka iz pionirskih logora – u koje je ona odlazila svakog leta do svoje nesrećne šesnaeste godine. Veročka je, izgubivši, zaćutala i iskreno se rastužila. Teško je izraziti rečima tu mešavinu tuge, požrtvovanosti, žaljenja zbog brzopletosti, ludačke radosti i očekivanja nečeg najboljeg, te večite mešavine osećanja zaljubljene žene, u našem slučaju Veročke, koja se odlučila na takozvano „sve".

Uglavnom, Veročka je rekla da, pošto je izgubila, spremna je da ispuni jednu želju. Šef je rekao da je u njegovo vreme „američki sistem" podrazumevao tri želje. Na to se Veročka složila, ako su tri, neka budu tri. I na tome je razgovor stao. Šef je brzo završio diktiranje i ubrzo otišao u svoju kancelariju i zatim izašao odatle sa torbom i brojem u ruci i nestao.

I uzalud je Veročka bledeći i strepeći, narednih meseci čekala od njega barem neki znak, barem neku reč ili telefonski poziv. Zatim se Veročka posle besane noći odlučila i nazvala šefa telefonom za vreme pauze za ručak i zamolila ga da je primi, što je već samo po sebi bilo neobično i moglo da izazove oprez kod šefa, pošto je kod njega sve bilo postavljeno tako da službenici ulaze bez najave. Ali on joj je odredio vreme na kraju radnog dana i, pored toga zamolio je da pokuca tri puta na vrata njegove kancelarije tri puta s razmacima. Veročka je, hrabro došavši na taj neobični sastanak, dugo sedela kod šefa i bukvalno mu nije dala da otvori usta, pričala je i pričala o svom životu, kao da joj je pukao ventil. Šef je slušao pažljivo i čak ponekad ubacivao svoje primedbe: „to je sve izuzetno zanimljivo, to je izuzetno zanimljivo, vi i ne pretpostavljate, ja želim da vas proučavam kao tip". Najzad je šef pristao na susret i izabrao prilično kasno vreme, devet sati uveče i rekao da sa posla treba da izađu odvojeno, pošto bi bilo smešno da pred svima izađu zajedno sa posla, jer i u tako kasno vreme događaju se razni slučajevi.

Kao što se moglo i očekivati, i kao što bi predskazao Verin otac, koji ovog puta nije ništa znao, Vera se uzalud tokom jednog i po sata smrzavala negde u teškoj zabiti pored tramvajske stanice na kaldrmisanoj ulici, verovatno poznatoj šefu još iz vremena njegove radničke mladosti. Zatim je Veročka potrčala da se zagreje i dobro je da je ona dogovorila još jedan sastanak, sat kasnije, sa svojim dečkom, i dobro je da je on strpljivo čekao, tako da je Veročka provela veče sasvim fino.

MRAČNA SUDBINA

Ona je bila neudata žena od preko trideset godina i nagovorila je svoju majku da ode nekud preko noći, i majka je, ma kako to bilo čudno, pristala, i ona je, što se kaže, dovela kući muškarca. On je već bio star, ćelav, debeo, imao je neke zapetljane odnose sa ženom i majkom, čas je živeo sa jednom, čas s drugom, bio čas ovde, čas onde, gunđao je i bio nezadovoljan svojom situacijom na poslu, mada je ponekad samouvereno uzvikivao da će biti načelnik laboratorije, šta misliš? Šta misliš hoću li postati načelnik laboratorije? Tako je uzvikivao naivni dečak od četrdeset dve godine, svršeni čovek, opterećen porodicom, ćerkom koja raste, koja je iz čista mira izrasla u veliku ženu u svojoj četrnaestoj godini i bila zadovoljna sobom, dok su se devojke iz kraja već spremale da je tuku zbog jednog momka i tako dalje. On je ulazio u avanturu nekako vrlo preduzimljivo, putem su se zaustavili i kupili tortu, on je bio poznat na poslu kao ljubitelj kolača, vina, hrane, a za sve je bio kriv njegov dijabetes i neprestana glad za jelom i tekućinom, sve to kočilo je, osujetilo njegovu karijeru. Neprijatna spoljašnjost i gotovo. Raskopčana jakna, raskopčana kragna, blede, ćosave grudi. Perut na ramenima, ćela. Naočari s debelim staklima. Eto kakav je dragulj vodila sebi u jednosoban stan ta žena koja je odlučila jednom zauvek da prekine sa samoćom i svim tim stvarima, ali ne preduzimljivo, već s teškim očajanjem u duši, koje se spolja očitovalo kao velika ljudska ljubav, odnosno zahtevima, prekorima, nagovorima da joj kaže da je voli, na šta je on govorio: „Da, da, pristajem." Sve u svemu nije bilo ničeg lepog u tome kako su išli, kako su došli, kako se ona tresla okrećući ključ u bravi, tresla se zbog majke, ali sve je bilo u redu. Pristavili su čaj, otvorili vino, narezali tortu, pojeli deo, popili vino. On se izvalio na fotelju i pogledao na tortu, da li da pojede još, ali stomak nije dozvoljavao. Gledao je i gledao, i najzad uzeo prstima zelenu ružu iz sredine, uspešno je prineo ustima, pojeo i polizao prste jezikom, kao pas.

Zatim je pogledao na sat, skinuo sat, stavio ga na sto i skinuo sa sebe svu odeću osim veša. Neočekivano, ispostavilo se da je veš bio veoma beo, čisto, negovano debelo dete, on je sedeo u gaćicama i potkošulji na ivici otomana, skidao sokne, obrisao soknama stopala. Na kraju je skinuo naočari. Legao je pored nje na čistu belu posteljinu, obavio posao, zatim su popričali, i on je počeo da se sprema i ponovo pitao: šta misliš, hoću li postati načelnik laboratorije? Na pragu, već odeven, raspričao se, vratio, seo pored torte i pojeo sa noža ponovo veliko parče.

Ona čak nije krenula da ga isprati, a on čak izgleda nije ni to primetio, srdačno i dobroćudno cmoknuo ju je u čelo, dohvatio svoju torbu, prebrojao novac na pragu, rekao „ah", zamolio je da mu rasitni tri rublje, nije dobio odgovor i krenuo sa svojim debelim stomakom, dečjim umom i mirisom čistog, negovanog tuđeg tela, čak ni ne pomislivši na to da su mu tu pokazana vrata za sva vremena, da je izgubio, propustio priliku, da mu tu više ništa neće poći za rukom. On to nije shvatio, stuštio se liftom zajedno sa svojom sitninom, novčanicama od tri rublje i maramicom.

Srećom, oni nisu radili zajedno, nego u različitim zgradama, ona sutradan nije otišla u njihovu zajedničku menzu nego je presedela za svojim stolom celu pauzu za ručak. Uveče ju je čekao susret sa majkom, uveče je ponovo počinjao onaj, stvarni život i neočekivano za sebe ta žena je iznenada upitala svoju koleginicu: I, jesi li već našla ljubavnika?" – „Ne" – odgovorila je koleginica zbunjeno, pošto je nju nedavno ostavio muž i ona je oplakivala svoju sramotu u samoći, nikoga od prijateljica nije puštala u opusteli stan i nikome ništa nije odgovorila. „Ne, a ti?" – upitala je koleginica. „Ja jesam" – odgovorila je ona sa suzama od sreće i odjednom je shvatila da se upecala nepovratno, za sva vremena, da će se sada tresti i mučiti, da će štrčati pored telefona ne znajući gde da zove, kod žene ili majke ili na posao: njen suđeni nije imao fiksno radno vreme tako da je komotno mogao da ne bude ni tu ni tamo. Eto šta ju je čekalo, i još ju je čekala sramota kao osobu koja ga stalno uzalud zove telefonom, uvek jednim te istim glasom, jednim u nizu onih glasova koji su već pre toga zvali uzalud tog neuhvatljivog čoveka, koji je verovatno bio predmet ljubavi mnogih žena i koji je uplašeno bežao od svih njih i verovatno ih je sve pitao uvek jedno te isto uvek u istim situacijama: da li će postati načelnik laboratorije?

Sve je bilo jasno u njegovom slučaju, suđeni je bio površan, glup, neotesan, a pred njom je bila mračna sudbina i u očima su joj bile suze od sreće.

DETE

Za nju nije bilo opravdanja ni onda kad je vršila svoj zločin, ni onda naročito, kad je već stajala na prozoru s rešetkom u prizemlju porodilišta, i kroz tu rešetku razgovarala sa ocem i dvoje dece koja su bila odevena sasvim pristojno u neka plava odelca, na nogama su imala sandale, a na glavama čak jednake kape kakve su se ranije uvek kupovale deci uz mornarska odelca. Zaista, deca su bila odevena kao za praznik, kao za praznik se doterao i otac, slepac sa štapom – on je bio u svetloj košulji s kratkim rukavima. Celo to društvo siromaha doterano kao za praznik, pratila je starica koja je tokom celog razgovora stajala, držeći podruku slepca, kao da je njemu bila potrebna nega i nadzor čak i tada dok je stajao nepokretno i razgovarao o nečemu sa svojom ćerkom – prestupnicom, jedva vidljivom iza rešetke na prozoru.

Srećom da se u porodilištu našla za nju soba s rešetkom, ali po svemu je bilo jasno da su je bez potrebe dovezli u porodilište, pošto je ona uporno odbijala da hrani svoje novorođeno dete i čak je, po pričama sestara, pokrila lice rukama, kad su joj ga doneli da ga hrani, i rekla da ga neće hraniti.

I ispalo da je nisu dovezli u porodilište sa samo jednim praktičnim rezultatom – lekari su je pregledali i još iste noći kad su je dovezla milicijska kola, izneli zaključak da se ta žena zaista porodila pre jedan i po sat i da je porođaj protekao normalno, iako to nikaga nije brinulo, pošto se i bez toga videlo da je porođaj protekao normalno, s obzirom na to da je ona odmah posle tog porođaja mogla da uradi to što je uradila, da zatrpa svog sina kamenjem pored puta u potpunom mraku, pri čemu je uspela da to uradi tako da na njemu nije bilo ni modrice ni ogrebtine, kada su ga posle toga lekari pregledali. A zatim je uspela da siđe do reke i upravo tamo se i prala jedan i po sat, ili joj je taj jedan i po sat otišao na silazak do reke – u svakom slučaju milicija ju je po krvavim tragovima, našla dole kraj reke, svu mokru, ona je puzala, sva krvava, kao što je i normalno posle porođaja. Pored nje je bio koferčić i u njemu su pronašli vatu i šilo, koje je, po njenoj tvrdnji, ponela zbog toga da preseče pupčanu vrpcu a po mišljenju svih koji su čuli za šilo, to šilo je mogla poneti samo s jednim ciljem – da njime ubije dete, pošto ko je još video da se pupčana vrpca seče šilom. Novopečena porodilja, međutim, poricala je da je uzela šilo radi ubistva: uostalom, nije ga ubila.

Pričalo se takođe od usta do usta da su ona dvojica šofera koji su ga našli pored benzinske pumpe ispod gomile kamenja, umotali dete u svoje kapute i jurili ulicama najvećom mogućom brzinom u porodilište, i zatim su molili sestre da ga upišu pod imenom jednog i patronimom drugog, iako se u porodilištu time ne bave. Ali oba šofera bili su krajnje uzbuđeni i zaplakali su kad su pri punoj svetlosti lampi videli dete kako leži na čistom čaršavu pod grejnom lampom.

Sve su to pričale sestre i zatim su pričale da su ta dva šofera kasno noću pored benzinske pumpe začuli nešto poput mjaukanja, a zatim su raspoznali u tom mjaukanju koje kao da je dolazilo ispod zemlje, dečji plač, i krenuli prema zvuku tog plača i počeli da sklanjaju kamenje pored puta, a tamo je i ležao uplakani novorođeni dečak, kojeg su oni odmah uvili u kapute i prozvali Jurij Ivanovič.

Celo porodilište bukvalno se komešalo, i svi su gledali kroz prozor kad je u uobičajeno vreme prozoru te žene prilazio slepac sa svojim štapom, dvoje dece i starica. O čemu su oni mogli da pričaju sa zatvorenicom koja se nalazila iza prozora s rešetkom nije poznato, ali oni su sve vreme razgovarali, slepac je zabacivao glavu i micao usnama, a ubacivala je svoje reči takođe i starica.

Videlo se da oni gledaju na taj zločin sa neke druge strane u odnosu na ostale. Videlo se da oni uopšte ne uzimaju u obzir to da je pred njima iza rešetaka strašna prestupnica, gotovo čedomorka, oni su pričali sa njom i čak su joj jednom nekako uručili kroz rešetku nekakvu sirotinjsku vrećicu, i izgledali su tako, kao da se upravo njima nešto desilo, neka nesreća, čak i starica koja nije pripadala porodici i koja se sve vreme strašno trudila da deca izgledaju pristojno i bez potrebe im popravljala na glavama njihove jadne mornarske kapice.

U vezi sa tom decom pričalo se da se ne zna čija su to uoptše deca, isto kao što se ne zna ni od koga potiče novorođeni dečak, i da porodilja radi negde u menzi kao spremačica i hrani oca i decu, i da nije nikome ništa govorila o svojoj novoj trudnoći, nije išla lekaru i nije uzimala odsustvo, a pored njene gojaznosti, sve je prošlo neprimećeno, i da je, kad je došlo vreme, ona uzela pripremljeni koferčić sa šilom i vatom i krenula da se porodi u noć.

Iz svega toga proističe da se ona već od samog početka spremala da ubije svoje buduće dete, s obzirom na to da nikome ništa nije govorila, mada je neizvesno kakav je u tome mogao biti smisao. Pokušavali su da ustanove barem neke okolnosti tako zapetljanog slučaja, pitali su nju da li je možda u početku želela da rodi dete za nekog, za tog čoveka s kojim je želela kasnije da živi, ali koji ju je ostavio. Međutim, porodilja je na to odgovorila da ništa ne zna, i advokat kojeg je angažovala njena porodica, taj slepac i njenih dvoje dece rekao je da jedino na šta mogu da se oslone jeste ludilo, koje može da obuzme ženu tokom porođaja, kada ona postupa bez ikakvog smisla i postaje neuračunjiva.

Advokat je govorio da mu se ta cela priča čini lišena svakog smisla, jer, najzad, klijentkinja je mogla najnormalnije da uradi abortus, a umesto toga bila je trudna devet meseci i na kraju postupila tako okrutno i sada ne želi da zna za dete, ne gleda ga i čak zatvara oči, kako pričaju sestre, kad joj ga donose na hranjenje, ponaša se kao glupo derište, pokrivajući lice rukama, kao da se plaši – i to koga, male bebe, kojoj je potrebno svega četrdeset grama mleka i ništa više.

ČIKA GRIŠA

Tog leta sam ja, samohrana žena, iznajmila vikendicu – tačnije deo pomoćne prostorije. U drugom delu te prostorije gazde su imale spremište, a u trećem, malo dalje, živele su kokoške. Ponekad noću kokoške su pravile buku i ja sam trčala gazdama da pogledaju šta je to s kokoškama. Teta Sima, moja gazdarica, govorila je da to lasica vršlja.

U mom delu prostorije bila su dva prozora, tapete, peć, sto, ulegnuti ležaj i na taj ležaj sam se ja vraćala iz Moskve, čak i noću, sa električnog voza, trčećim korakom. Mnoge opasnosti vrebale su usamljenu ženu na putu od stanice do kuće u ulici bez svetiljki. Kasnije je upravo u našoj uličici poginuo moj gazda, čika Griša, ali ja sam uvek iz neobjašnjivih razloga verovala u bezbednost i u to da me ipak nikada niko neće dirati. Mrkli mrak služio mi je kao zaklon ništa gore nego bilo kom čoveku ili kriminalcu. Ipak sam uključivala svetlo u kući, mada sam znala da noću, u potpunom mraku, na prostoru od stanice do kraja ulice moj prozor svetli kao meta. Ali ja sam ipak uključivala svetlo, pevala, stavljala čajnik na ringlu i ponašala se normalno. Moje gazde nisu imale psa, i to je na kraju krajeva odigralo svoju ulogu, pošto su čika Grišu ubili pred samim vratima njegove ograde i da je tu bio pas, to ne bi bilo tako jednostavno.

Bilo koji čovek u tom okeanu tame koja je okruživala moju sobicu, mogao je slobodno da priđe prozoru, a to da sam ja živela u šupi sama, daleko od kuće, znalo se u obližnjim uličicama, a i iza pruge su takođe to znali mnogi. Čika Grišu su ubili u zimu, a ja sam otišla od njih u oktobru, i kad sam došla da ih posetim, prvi čovek kojeg sam srela, meni potpuno nepoznat čovek, rekao mi je da su čika Grišu zaklali pred samim vratima od njegove ograde. Taj nepoznati čovek skrenuo je zatim preko pruge. Znači, iako je stanovao preko pruge, on me je ipak znao.

Međutim, ja sam, bez obzira na to što sam se plašila da se kasno noću vraćam u svoju šupu i bez obzira na to što sam se plašila da uključim svetlo, ipak radila to svaki dan, kao da nisam verovala u nešto loše. Ponekad su me proganjale strašne slike u stilu gangsterskih filmova, kako trojica ulaze u moju šupicu, tobože podmazavši rezu uljem, sasvim bešumno i tako dalje. Ali pri svemu tome ja nisam osećala užas kakav bih osetila čak i od filma – cela ta zamišljena predstava odvijala se iznad straha, ne izazivajući nikakva osećanja – jednostavno kao jedna od mogućih varijanti, kao kad pereš prozor i zamišljaš da se stolica iskrivila i ti izlećeš napolje i šta će da bude.

Meni ništa nije izgledalo strašno, čak i kad se gazdinski sin Vladik navadio da pijan noćiva pored moje sobe, u spremištu, i kad je namerno lupao i udarao tamo dajući do znanja da je on tu – meni to ne samo da se nije činilo strašnim nego mi se čak činilo smešnim, kao da mi se Vladik na taj način, krijući se i praveći buku, udvarao. Vladik se, to je jasno, uopšte nije udvarao, on je jednostavno čuo da su usamljene izletnice sve bludnice i sam išao u susret opasnosti. Teta Sima nije pridavala značaj tome što Vladik noćiva u spremištu, možda je smatrala da mu je odavno vreme da izgubi nevinost, ali ni tome ona isto tako nije pridavala značaj pošto je sutradan izgledala sasvim uobičajeno i razgovarala sa mnom kao i uvek – uostalom, po svoj prilici, ona bi isto tako razgovarala sa mnom i u svakom drugom slučaju. Ja sam ponekad odlazila u gazdinsku kuću da gledam televiziju i videla njihovu jednostavnu, skromnu, narodnu svakodnevicu: da je teta Sima gazda u kući, Vladik sin--ljubimac, Zina starija ćerka, Iriška unučica, a čika Griša blag čovek koji radi šta mu se kaže – blag čovek od pedeset pet godina, bravar u fabrici. Ja sam ih sve zavolela, svi su mi se dopadali, cela porodica zajedno, dopadalo mi se što im neprestano dolaze gosti i svraćaju komšije, dopadala mi se gruba ali bezazlena teta Sima, dopadao mi se Vladik, koji je slušao majku, i debela Zina koja je u trenucima odmora obavezno jela beli hleb. Zina je imala muža Vasju, on je pio i retko dolazio tašti u kuću, dolazila je sama Zina da obiđe ćerku, Irišku, a isto tako nedeljom da opere podove i veš. Vasja, i kad je dolazio, uglavnom je ćutao, unapred nezadovoljan zbog onoga što je Zina tu napričala o njemu, o njegovom ponašanju, o njegovoj majci, o njihovom životu. Međutim, ispostavilo se da je i Vasja u stvari nežan muž i kad bi se napio on je stavljao glavu na Zinino rame.

Tako je idilično tekla naša svakodnevica, ponekad su gazde upadale u moj život kao onda kad je teta Sima poslala čika Grišu na krov moje šupe da zategne olabavljenu žicu. Ja sam zajedno sa teta Simom gledala iz dvorišta kako čika Griša tapka po krovu i nikako ne uspeva da smisli kako da dohvati žicu, a još manje kako da je zategne. Teta Sima se brinula za šupu, da potpuno olabavljena žica ne zapali krov. A ja sam iz nekog razloga, gledajući kako čika Griša gore tapka, mislila o tome da će on sada poginuti dotaknuvši žicu – ali te misli su isto tako išle po površini kao i misli o gangsterima i o lepljivom flasteru kojim oni zalepljuju usta žrtve. Čika Griša nije dohvatio žicu, a teta Sima brinula se da on bezbedno siđe odatle i istovremeno govorila da će morati da zovu električara i daju mu za piće, inače će šupa izgoreti.

Ali ja sam dobro zapamtila čika Grišu na krovu šupe kako pruža ruke na deset centimetara od smrti i teta Simu dole, zabrinutu za kuću kao i sve domaćice.

Sa čika Grišom sam za celo leto razgovarala samo jednom – kad sam ga zamolila da me povede sa sobom po gljive. I tako nijednom nisam ni otišla u šumu, i uopšte nisam nikuda izlazila celo leto, a za to je bio kriv čika Griša. Ja sam ga zamolila da me probudi u pet ujutro, on me je probudio pokucavši, ja sam se oblačila, pila čaj, a on se pojavljivao u dvorištu obavljajući svoje poslove i nekoliko puta je, zabrinut, prošao ispred mog prozora. Ali kada sam izašla, čika Griše nigde nije bilo, i sanjiva Zina, izašavši na moje kucanje, rekla mi je da je tata odavno otišao na voz u pet i četrdeset.

Bože mili, kako sam samo trčala na stanicu! Ali voz u pet i četrdeset otišao je s perona bukvalno meni u susret, i možda je čika Griša video kroz prozor kako stojim dole pored pruge.

Ali teško da je čika Griša gledao kroz prozor – on je bio veoma povučen čovek i mislim da se nikad ničim nije zabavljao.

Taj dan protekao mi je loše, ponovo sam legla u krevet i spavala do podneva, a posle toga bolela me je glava i bilo mi je užasno vruće. Čika Griša vratio se jednako neprimetno kao što je i otišao, i ukućani su mu zamerili: zašto nije sačekao, stanarka je, eto, dolazila da ga traži.

A ja sam shvatila da se čika Griša muvao ispred mog prozora, ali mu je bilo neprijatno da me požuri, u opšte mu je bilo neprijatno da bilo šta kaže. I desila se čudna stvar – ono sažaljenje koje sam osećala kada je čika Griša pokušavao da dohvati ogoljenu žicu, stojeći na šupi, još se povećalo. Sada mi je bilo žao čika Griše i zbog toga što je on tako bespomoćan, što toliko nije u stanju ništa da kaže da čak ni dogovorivši se s nekim ne može da ga podseti na to i odlučuje se ipak da ne pravi buku oko toga. Ja sam videla u njemu malog, stidljivog radnika, večitog pregaoca, na kojeg niko ne misli i koji još manje od svih misli na sebe samog – iako je možda njemu jednostavno bilo nezgodno da me vodi sa sobom po gljive, a ustručavao se da me odbije: nije bilo razloga. I to što je otišao sam, nije bio postupak iz očajanja, već jednostavno odlučnost čoveka koji je na kraju odbacio konvencije i postupio onako kako je njemu samom bilo zgodnije.

Ja retko osećam pravo sažaljenje – ni prosjaka, ni bogalja, ni gomile rođaka pored kovčega, ni usamljenih staraca nije mi žao, ne znam zašto. Nekako mi se čini da oni negde tamo imaju svoj život, i sevnuvši svojim užasnim likom odlaze u svoj drugi život, razilaze se po kućama, sedaju pored radijatora ili se greju supom, odnosno žive kao i svi, s malim razlikama. Retko mi je nekoga žao. Ali do dana današnjeg ne mogu da se oslobodim čika Griše, tog neobičnog sažaljenja prema njemu, mada ga meni nije žao zbog toga što su ga ubili nožem u stomak i što se on posle toga mučio: i ja ću se isto na smrtnom odru mučiti, svi ćemo se mučiti i to je naša lična stvar. Stalno se sećam kako je tapkao, išao gore-dole po dvorištu, a zatim odmahnuo rukama i krenuo sam, potrčao na stanicu, a ja sam potrčala za njim osam minuta kasnije, ali on je već svečano odlazio, odmicao sam-samcit u električnom vozu.

A ubili su ga adolescenti, kad im nije dao cigarete i uz to rekao: „Treba sline da obrišete". Očigledno je nešto uzavrelo u tom krotkom čoveku, ili on možda nije bio krotak.

Njegova porodica raspala se posle njegove smrti. Vasilij je ostavio Zinu, a žena je poludela i zahtevala ekshumaciju muža da dokaže da su mu ruke bile izujedane. Ali to joj niko nije potvrdio, leš se već bio raspao i ništa nije ostalo od čika Griše, i samo još Vladik živi sa majkom i jednako je plašljiv i nada se sreći.

OTAC I MAJKA

Gde li živiš ti, vesela, bezbrižna Tanja, ti koja ne znaš za sumnje i kolebanja, ne znaš šta su to noćni strahovi i užas od onoga što može da se desi? Gde si sada, u kom si stanu s lakim zavesama svila svoje gnezdo, tako da te deca okružuju, i ti, hitra i brza, stižeš da uradiš sve, čak više od toga?

Ali najvažnije je to u kakvom teškom očajanju se pojavio na svetu i odrastao taj jutarnji sjaj, ta devojka, pokretljiva kao što umeju da budu pokretljive najstarije ćerke u porodicama sa puno dece, a upravo je u takvoj porodici bila najstarija ona Tanja o kojoj je ovde reč.

Mlađe od nje bile su mnogobrojne devojčice i poslednji dečak kojeg je majka stalno nosila na grudima tokom poslednjeg perioda njenog bračnog života i tako je trčala sa svojim sinom u naručju za mužem koji je polazio na posao – trčala je da bi ga sprečila da ode na taj prokleti posao gde se on bavio jedino razvratom. Žena je trčala za njim maltene svako jutro, skoro svako jutro obuzimalo ju je očajanje zbog toga što je opet omogućila svom suprugu da ode od nje, ode na omrznuti, neometani i bezbrižni provod kod sebe na poslu, i ona je trčala ulicom s detetom u rukama dok god je imala snage, da stigne muža i da mu slobodnom rukom makar strgne kapu s glave, dok je on bežao što ga noge nose – da, takve scene nisu bile novost za njihovu ulicu, potpuno nastanjenu vojnim licima. Tanjina majka gajila je duboku mržnju prema svom mužu, mržnju trudbenice i mučenice prema trutu, rasipniku i izdajniku porodičnih interesa, iako se otac svaki dan vraćao u krilo te porodice, i uzimao u naručje narednog mališana, ali mati je i taj gest tumačila kao lukavstvo, kao podli trik grešnog mužjaka, i oni samo što nisu čerečili dete na dva dela – otac, da ga ne bi dao pobesneloj majci, a majka da ne bi dala ocu da se malo pokaže, da odigra nepoštenu ulogu oca porodice, bez ikakvih osnova za tako nešto. Moglo se čak pomisliti da mati u svojoj deci vidi samo niz materijalnih dokaza svojih napora u životu, svog neljudskog rada i svoje neosporne, ali neprestano osporavane vrednosti pred mužem-pastuvom, koji drhti i trese se svaki put kada ona podigne glas – od straha od komšija, da će sve saznati, ali oni su sve saznavali ionako, ona je sama svima sve svuda pričala, i žene su je tešile, zvale je Petrovna i savetovale da ode zameniku političkog rukovodioca, kad je takav bezobrazluk u pitanju.

Otac je, bez obzira na to, još uvek nekako opstajao u toj porodici i teško je reći iz kog razloga se taj čovek trudio da dođe kući u miroljubivom raspoloženju sa zbunjenim ili namešteno-ravnodušnim ili već nekim drugim izrazom, nikada njegovim ličnim, nego nekakvim stečenim, upravo pripremljenim, a ne sa prirodno mračnim licem punim mržnje, kakvo se jedino i moglo očekivati od njega u toj situaciji – ali ne, on nije bio u stanju da dođe ozlojeđen, svaki put je isprobavao šta bi mu bilo bolje da odglumi, vraćajući se kući u jedanaest sati. On nije želeo da se vraća kući ranije, nikad u životu, i to je bilo neopozivo, i svaki put je s nameštenim ovim ili onim izrazom dolazio kući u jedanaest sati i zaticao kod kuće svaki put istu sliku – nijedno dete nije spavalo, a žena je u suzama sedela s bebom na krevetu. Ako bi, pak, otac pokušao da na svoju ruku, na njemu svojstveni blagi način smesti devojčice u krevet, majka je počinjala da mu otima decu i viče da niko ne treba da spava kad je tako i neka svi gledaju razvratnog oca koji je upravo izašao s rumenim obrazima iz nečijeg kreveta, koji je upravo svojim poganim labrnjama, tim levkom, ljubio ko zna koga, a sada sa mokrim usnama prilazi čistim devojčicama s kojima bi takođe već bio u stanju da prespava – i tako dalje.

Pored toga, siromaštvo te porodice bilo je neopisivo, pošto mati nije bila zaposlena i sve je radila aljkavo, čekajući jedanaest sati, a zatim dvanaest ili još kasnije, tako da se često dešavalo da deca utonu u san u očekivanju glavnog trenutka, kulminacije dana, i ujutro ih je bilo nemoguće probuditi. Mati je išla sve dalje i dalje u svom pravednom gnevu, dešavalo se da sačeka muža pred vratima oficirske menze i počne da ga tuče nogama, držeći u ruci dete; mati kao da je protestvovala protiv opšteg uverenja da tako ništa ne možeš postići s muškarcem, već ćeš ga samo odbiti od sebe i oterati zauvek – mati kao da je svaki put izazivala sudbinu i okolinu, ostavljajući decu gladnu i odlazeći sa sinom u stepu koja je okruživala naselje ili vičući najstrašnije reči o tome da je Tanja imala pobačaj očevog deteta – i da je ona u zidu, u rupi, našla krvave krpe.

Neizvesno je, doduše, šta je htela da postigne Tanjina majka, verovatno je to bila potreba za rušenjem one iluzije, one lažne slike koju je otac svojim krotkim stavom i lažljivim izrazima lica, pokušavao da stvori pre svega kod dece, njemu je pre svega bilo važno da pred njima stvori sliku tobože mirnog porodičnog života. Mati se osećala kao da je u klopci, okružena sveopštim nepoštovanjem i gađenjem i u isto vreme osećala je da svi žale njenog muža i trude se da ga zaštite – tako, na primer, kad je ona pred Osmi mart prišla prodavnici, gde je, kao što je znala, njen muž kupovao male poklone njoj i ćerkama – neko se pre nje probio u radnju i muža su odveli u službene prostorije pre nego što je ona uspela da kroz gomilu priđe pultu.

Međutim, usred sveg tog užasa ipak su se maltene svake godine rađale devojčice, i dečak, poslednje dete, rodio se samo pola godine pre nego što je otac napustio porodicu. Kako se to dešavalo, rezultat čega su bili ti supružanski snošaji, kako su se pripremali i na koji način su postajali mogući njihovi zagrljaji – to niko nije znao, i to nije videla ni sama Tanja, najsvetliji um u porodici, koja je budno motrila na majku i oca.

A mati je svaki dan sve dublje tonula u bedu, pokušavajući da osramoti svog muža i tome nije bilo kraja, pošto se muž uporno trudio da sačuva privid porodice i ne daje povoda za to da bude prikazan upravo onako kako ga je želela prikazati žena – ali najzad, to dvoje ljudi dovelo je stvar do te granice kad već bar jednom partneru ništa nije potrebno i važno, kad mu sve postaje svejedno – i upravo taj momenat i vreba uporniji, izdržljiviji protivnik, koji u odgovoru na gest ravnodušnosti ispušta pobednički krik, jednako ravnodušno primljen od strane odlazećeg u daljinu partnera – on odlazi u daljinu, ali pobednički krik je jak i čuje se u okolini, tako da okolina htela-ne htela mora da odgovori ehom.

I dakle, to se desilo, i Tanjin otac napustio je porodicu, a i garnizon: premestili su ga u drugu jedinicu, i taj postupak skupo ga je stajao, tako da je on imao sve razloge da se više ne pojavljuje u svojoj napaćenoj porodici, već je trebalo mimo da živi s nekom svojom novom ženom, za koju su rekli da je normalna, mnogo normalnija od Petrovne.

Tanja, uostalom, takođe nije dugo živela u porodici posle očevog odlaska, živela je godinu dana, do svoje sedamnaeste godine, kad ju je primetio elektromonter Viktor koji je tu bio na službenom putu. Viktor je bio mnogo stariji i iskusniji od Tanje i odmah je shvatio kakav je dragulj našao u toj komunikativnoj, pronicljivoj devojci i odmah uzeo stvar u svoje iskusne dvadesetčetvorogodišnje ruke. Tanja je isto veče na povratku iz kluba pristala da otputuje s njim i ujutro je otputovala, bez obzira na to što je majka sasvim otvoreno rekla da neće moći bez nje i da će deci biti loše. „Dosta je bilo – kao da je rekla Tanja – što se mene tiče, dosta je bilo" – i šmugnula, i bila otada srećna u životu sa svojim snalažljivim i bistrim Viktorom i ništa joj nije smetalo: ni to što nemaju gde da stanuju, a stara gazdarica se svake godine u martu veša, tako da u martu dolazi njen sin na odsustvo i samo sakriva konopce; ni to što imaju jednu kašiku i dve viljuške, a kao nož služi im perorez, pošto gazdarica nema ništa od domaćinstva, ona se tokom cele godine hrani samo kefirom. Sve, sve na šta je nailazila kasnije u životu Tanja – sve je podnosila lako, srećna, svuda je sitno koračala svojim urednim korakom, i nikad je nije obuzimala čak ni senka očajanja i sumnje – nikad.

POSEBNA DEVOJKA

Ona sada kao da je umrla za mene, a možda je ona i zaista umrla, mada ovog meseca niko u našoj zgradi nije sahranjen. Naša zgrada je obična – četri sprata bez lifta, četri ulaza, preko puta ista takva zgrada i tako dalje. Da je ona umrla, to bi se odmah saznalo. Znači, ona još uvek nekako živi.

Eno pogledaj na mojoj kutiji s nepopunjenim formularima prilepljena je fotografija, kontakt-kopija. To je ona, Raisa, Ravilja, naglasak na poslednjem slogu, Tatarka. Ništa se ne vidi na toj kontakt-kopiji, lice je zaklonjeno kosom, dve noge i dve ruke: u pozi Rodenovog „Mislioca".

Ona uvek tako sedi, čak je nedavno kod mene na rođendanu tako sedela. Prvi put sam je posmatrala u kontaktu sa drugim ljudima, pre toga smo se družile u parovima – ona i njen Seva i ja i moj Petrov.

Ispostavilo se da ne ume da pleše i sedela je mirno kao miš. Moj Petrov povukao ju je da pleše, ali posle tog plesa, ona je odmah otišla kući.

Da, ona ne ume da pleše, ali prostitutka je profesionalna. Odakle ju je Sevka izvukao, iz kakve ju je rupe iskopao? Ona tek što je izašla iz popravnog doma, i opet se pustila u promet, kad ju je on iznenada uhvatio i oženio se njome. On mi je to sam ispričao u trenutku raznežženosti ali je tražio da položim strašnu zakletvu da to nikome neću reći. Pričao je i njenom ocu, kako je Raisa od pete godine lepila kutije za pilule, ona i majka su lepile za oca, on je sebi pronašao takav posao pošto je bio invalid. A zatim je majka umrla od srca u bolnici, i otac je počeo otvoreno da dovodi žene kod njih u sobu. Sve u svemu, užasne stvari. I kako je Raisa pobegla od kuće i dospela kod nekih mladića u prazan stan i oni je nisu puštali nekoliko meseci, pa kako je kasnije milicija otkrila taj stan. Ali sve je to prošlost, to se sada nikoga ne tiče, važno je to da se Raisa i sada time bavi.

Sevka odlazi na posao, ona ostaje sama, ona nigde ne radi. Sevka joj ostavlja ručak – dođe kući, a ona ga čak nije ni podgrejala, čak nije ni išla u kuhinju. Po ceo dan leži, puši ili baza po radnjama. Ili plače. Počne da plače iz čista mira – i plače po četri sata uzastopce. I naravno, komšinica dojuri kod mene, izbezumljena – trčite da spasite Raječku, ona plače. Ja jurim za validolom, s valerijanom. Iako se to i meni dešava – i to ne bez razloga – tako, da bih najradije umrla. Ali ono što se dešava u mojoj duši, kakve muke ja podnosim – to niko ne zna. Ja ne vičem, ne valjam se po nepospremljenom krevetu. Samo onda kad me je moj Petrov prvi put ostavio, kad je hteo da se oženi sa onom Stanislavom i kad su već tražili da pozajme od nekoga novac za razvod i stan i hteli da usvoje mog Sašu – samo tada sam jedini put u životu izgubila kontrolu nad sobom. Istina, Raisa me je tada branila kao svoje dete i gotovo da je noktima nasrtala na Petrova.

Mom Petrovu dešava se to tri-četiri puta godišnje, takva ljubav, beskrajna i večna. A u početku, kad me je prvi put ostavio, ja samo što nisam skočila s našeg drugog sprata. Prosto sam drhtala od nestrpljenja da završim sa svim, pošto mi je on prethodnog dana rekao da će dovesti Stanislavu da se upozna sa Sašom. Ja sam rano ujutro odvela Sašu kod majke u Nagornu, i zatim se vratila i čekala ih ceo dan. A onda sam se popela na prozorsku dasku i počela da vezujem komad žice koji je ostao nakon što je Petrov razapeo žicu u kuhinji u nekoliko redova za Sašine pelene. Žica je bila čvrsta, izolovana hlorvinilom. I ja sam zavezala tu žicu za kuku koju je Petrov svojevremeno ukucao u betonski zid da bi učvrstio karniz. To je bilo tek što smo dobili taj stan i Saše još nije bilo i sećam se da je Petrov udarao zid skoro ceo sat. Ja sam privezala kraj žice za tu kuku, ali žica je bila glatka i čvor se nikako nije držao na njoj. Ipak sam čvrsto namotala žicu, napravila omču na drugom kraju za vrat, nekako sam pronašla kako da je zavežem. I upravo u tom trenutku neko je spolja počeo da otključava vrata. I ja sam zaboravila na sve – čak sam i na Sašu zaboravila, i sećala se samo da oni žele da ga usvoje i od toga on kao da je za mene već bio oskrnavljen, kao da ga nisam ja rodila i hranila. I uplašila sam se da to Petrov i Stanislava ulaze u stan i trgnula prozor za kvaku tako da je flaster popucao. Mi smo preko zime lepili prozor flasterom.

A u sobi je već bio mrak, kroz prozor se videla zgrada preko puta, bez svetla – još nije bila useljena, samo je dole gorela ulična lampa. I ja sam još jednom trgnula prozor tako da se čak okvir pomerio. I u tom trenutku je u sobu ušla Raisa i krenula da me grli za noge. Ona je bila slaba a ja jaka i razjarena u tom trenutku, ali ona se grčevito uhvatila za moje noge kao pas i neprestano ponavljala: „Hajdemo zajedno, hajdemo zajedno, sačekaj mene." A ja sam tada pomislila, kud se ti guraš, kakvu ti to muku imaš – i čak sam se i nekako uvredila. Meni se, može se reći, srušio život, ostavio me muž, s detetom, sad hoće i to dete da mi otme – a šta tebi fali? Ali Raisa je samo srljala kolenom u otvoreni prozor, mada je skakati sa našeg drugog sprata u duboki sneg, bez omče na vratu – jednostavno smešno. I ja sam je iz sve snage odgurnula i potkačila je rukom po licu, a lice joj je bilo mokro, klizavo, ledeno. I ja sam skočila natrag s prozora, zatvorila ga, a flaster se sav smežurao i nije bilo nikakvog izgleda da se ponovo zategne, a i ruke su me slabo slušale.

I posle tog slučaja ostala mi je samo jedna stvar – hladnoća u glavi. Ne znam da li je Raisa u tome odigrala neku ulogu, ali shvatila sam da su sva ta koprcanja i postupci na osnovu prvog duševnog poriva – nešto meni strano. Ne treba ja da se ugledam na Raisu.

I ispostavilo se da je sve to trebalo raditi pametno. Uradila sam tako da je ta Stanislava uskoro postala bajka. To je bilo vrlo lako pošto mi se Petrov naivno izlanuo gde i šta ona radi, a njeno ime je bilo retko. Zatim je Petrov imao druge, mnogima čak nisam znala ni ime, i bila sam potpuno ravnodušna prema njima, i naravno nije mi padalo na kraj pameti da se vešam i skačem. I kad je on započinjao sa mnom razgovor o razvodu, ja sam se samo sklanjala. Na mene nije delovao njegov plač, njegove reči o tome kako me mrzi. Samo sam mu govorila s podsmehom: „Od sebe, dragi moj, ne možeš pobeći. Ako si šizofreničar, onda idi pa se leči."

Ali, istini za volju, on je bio u bezizlaznom položaju: znao je da neću izaći iz njegovog stana. Nemam kud. Naš stan od šesnaest kvadratnih metara nije bilo moguće menjati za dva. I bilo je još nešto: kad se rodio Saša, Petrovu su u njegovoj fabrici obećali dvosoban stan. I zato sam ja svaki put znala da će on da se istutnji i vrati, pošto kad se završi zgrada i dođe na dnevni red raspodela, njemu samom, uz to razvedenom, neće dati ništa. A već kad dobijemo dvosoban stan – možemo i da ga zamenimo i da se razvedemo. Tako da je svaki put Petrov ostajao sa mnom da čeka dvosobni stan. A možda stvar nije bila u tome i možda se on nije vraćao zbog toga. Jer ja sam uvek osećala da ako Petrov zaista poželi da ode, on neće gledati ni na stan, ni na bilo šta drugo, nego će otići, kao da ga nije ni bilo.

I kad bi se završila njegova naredna avantura, on bi ostajao kod kuće uveče, posmatrao me kako jurim iz kuhinje u sobu, pomagao mi oko Saše, čak ga je dovodio iz vrtića i smeštao u krevet, kad sam ja radila u večernjoj smeni. I najzad je donosio flašu poluslatkog šampanjca, znajući da ja volim to vino. Moram reći da sam ja uvek predosećala taj trenutak i takođe se na svoj način pripremala za njega. On mi je s uzdahom govorio: „Hoćeš da popiješ sa mnom?" – i ja sam vadila iz kuhinjskog ormara češke čaše za vino. To je uvek bilo uzbudljivo kao prvi sastanak, s tom razlikom što smo oboje znali kako će se to ovaj put završiti. Takve promene u našem životu pridavale su mu uzbudljivost. I Petrov mi je šaputao da sam ja najvatrenija, najnežnija, najtemperamentnija.

A Raisa – ona je u tim stvarima kao klada. Naši poznanici koji su bili sa njom – ne može se reći spavali, pošto se sve to obično dešavalo po danu kad Sevka nije bio kod kuće, i bilo je dovoljno da je neko zatekne samu u sobi, i da vrlo lako postigne sve što želi – momci su govorili da je sa njom dosadno i da se ona ponaša ne samo kao da joj je svejedno, nego čak odvratno. I ona ni sa kim nije želela da priča posle toga, kao što se obično radi – jer ljudi nisu samo životinje nego su i misaona bića, i interesuje ih da saznaju kako živi ta osoba koja je pored njih, ko je ta osoba uopšte. Ja i Petrov razgovarali smo ponekad po čitavu noć, posebno posle njegovih avantura, i nismo mogli da se napričamo. On mi je pričao o svojim ženama, poredio ih je sa mnom, a meni nikad nije bilo dosta – samo sam izvlačila iz njega nove podrobnosti. I zajedno smo se smejali na Raisin račun, doduše veoma dobrodušno. Jer svi momci koje smo poznavali, bukvalno svi, čak i oni iz Petrovljevog rodnog kraja koji su dolazili kod nas, svi su bili kod Raise. I svi su nam pričali o njoj.

Evo, na primer, bio je jedan dečko Grant, Petrovljev zemljak. Mi smo mu pisali da ako mi ne budemo kod kuće kad on dođe – ključ je u susednom stanu kod Raise, ona je gotovo uvek tu. Mi smo već odavno rešili da ključ stoji kod Raise – tako je bilo zgodnije. I njen ključ bio je kod nas. Da ne bismo zvonili jedni drugima na vrata i uvlačili komšije u to.

Kad smo se oboje vratili sa posla – Grant je već sedeo na Sašinom krevetu, crven, tužan, i gledao Sislejevu monografiju. A na dečjem sekreteru stajali su Raisini ključevi od naših vrata. Mi smo odmah sve shvatili i nasmejali se. Ja ga pitam: „Je l' se predala Raisa?" A on nas gleda, uplašen, potresen. Kasnije, kad smo mu sve objasnili, pribrao se, smirio, i ispričao nam sa svim detaljima. Kad mu je ona otvorila vrata, on ju je čak upitao: „Što ste se tako uplašili? Pa ne ujedam ja." A ona je odskočila u ugao. Imala je na sebi samo bade-mantil, ona je uvek tako obučena kod kuće. I dodao je kako je imao utisak da ona sama ide na sve to zato što se boji nečega, prosto umire od straha. I od toga kasnije ostaje odvratan osećaj u duši, kao da si nekoga povredio, mada ona nije ništa govorila i nije se protivila. Ali mi smo mu objasnili da ne treba da brine. To kod nje sa svima spolja tako izgleda. Ona u početku ostavlja utisak male, crnomanjaste, mirne devojke, koja ne ume ni da pleše, i kad nam dođu gosti, ona tiho kao miš sedi na Sašinom krevetu i vrlo ju je teško naterati da pleše, zbog toga što se ona plaši gomile. I svi naši momci padaju na to, kod svih probudi lovački nagon, sve je vuku iz ugla za ruku, a ona bukvalno drhti. I posle toga ode kući.

Ona je na mene od samog početka našeg poznanstva ostavila nekakav bolan utisak, poput tek rođene životinje, ne male, nego upravo tek rođene, koja ne raznežuje time što je tako slatka, već pogađa pravo u srce. Nikakva ljubav ne ometa to žaljenje, to je čisto sažaljenje od kojeg se duša cepa.

To je počelo onda kad nam je ona pozvonila na vrata u četiri sata ujutro, ne shvatajući da su to nepoznati ljudi i da je noć. Ja joj otvaram, ona stoji u svom mantilu, obrazi joj mokri, suze joj padaju s brade, ruke u džepovima, sva drhti – i traži cigaretu. Ja sam je uvela u kuhinju, upalila svetlo, našla kod Petrova u džepu načetu kutiju cigareta. Zapalile smo i ja je upitam: „A gde je vaš Seva?" A ona otečenim usnama odgovara: „Na službenom putu". Dugo smo sedele, ja sam joj skuvala kafu, sve dok nije prestala da drhti. Zatim sam osetila da se Saša u snu otkrio, otišla sam u sobu, pokrila ga, kad sam se vratila – ona se opet zgrčila na taburetu i plače. „Šta vam je? – pitam. – Sigurno vam muž nedostaje?" Ona je podigla glavu i kaže: „Bojim se atomske bombe." Ne boji se smrti, nego bombe, zamisli? I vidi se da uopšte ne glumi – to je nešto čega kod nje nikada nije bilo. Ona je uvek radila ono što je morala da radi, i nikad se nije pretvarala. To je ono što je bilo čudno kod nje – ona se uopšte nije odupirala. Nešto je kod nje bilo poremećeno, neki instinkt samoočuvanja. I to se odmah osećalo.

Pred odlazak, na vratima ona je ponovo zaplakala i tako je i otišla kući. Ja je nisam zadržavala – već je bilo jutro, morala sam u devet da budem na poslu. I kasnije, na poslu, ispričala sam svim svojim koleginicama o svojoj komšinici, posebnoj devojci, koja je prava savest čovečanstva. Čak sam počela da se ponosim njome.

I nismo mogle da provedemo ni dana jedna bez druge. Ili su ona i Sevka kod nas visili, ili mi kod njih. Odeš po cigaretu – ona moli: sedi da popušimo. I tako dva sata. Ja sam joj sve pričala, isto kao sada tebi. Ja sam takva osoba, lakše mi je kad pričam. I tako mi sedimo dva sata, raspravljamo o svetskim problemima – o životu, o ljudima. Ja sedim mirno i razgovaram. Ja sam dobra domaćica, kod mene je već pre podne sve urađeno, već je i ručak gotov, i odmah posle ručka trčim u institut, ako radim drugu smenu. A ona niti je zaposlena niti nešto uradi – kao da i nije Sevkina žena. On i na posao stiže i u prodavnicu, i kući juri kao sumanut, kao da ga tamo beba čeka. Dođe, sve počisti – mada osim pune pepeljare, ona nikad nije ostavljala nikakav nered. Tanjire nije prljala, Sevka joj u lončiću ostavi supu, na ringli jelo – ona čak i ne pogleda, i ne promrlja kašikom.

Sevka ju je i lekaru vodio – zamolio je da ga puste s posla i odveo je. Lekar je ustanovio kod nje potpunu iscrpljenost i maltene distrofiju. Kao da živi pod opsadom. Prepisao joj je injekcije s alojem.

Ona je kupila sebi špric – i eto zabave, bode se sama u nogu iznad kolena. Sve je kod nje po propisu – tamponi, alkohol, doboš za sterilnu vatu, sama steriliše iglu. Odnekud ona to zna. Zatim sedne kraj prozora i kaže: „Okrenite se" – i začuje se tihi zvuk kao da se nešto cedi, nekakvo šištanje. Ja se prosto stresem, pogledam na Sevku – a on sav bled, pridržava se za dovratak. A ona kaže: „Gotovo je, ludaci" – a još nije ni izvadila špric, posmatra kako poslednji talog izlazi iz njega.

I tako smo se družili, ona se zbog mene mnogo puta s mojim Petrovom sukobljavala. Ona nije umela bogzna kako da se svađa i samo je govorila: „Ti si prava kurva, shvataš?" Verovatno su se tako žene svađale u domu.

Petrov se nedavno latio jedne devojke koja radi baš u našem institutu, u laboratoriji Antonove. Znaš je i ti, jedna debela, mlohava, potpuno nezanimljiva. I moj Petrov stalno dolazi kod mene na posao, iako zna, na primer, da radim drugu smenu i ne mogu da idem kući. I ipak pita: „Ideš kući?" Ja odgovaram da ne idem. „Onda te neću čekati" – i ide pravo kod one u laboratoriju. I ona je, ma koliko to bilo čudno, počela da dolazi kod mene u kartoteku. A i Petrov je već po pravilu tu. Teče zajednički razgovor i ja još ne stignem ni da se okrenem, a Petrov je već zove kod nas u goste. On inače jako voli kad nam dolaze gosti, jednostavno, ne može da živi bez toga. Ako uveče nikoga nema – on sedi sav mračan, a onda odjednom skoči i ode.

I upravo je naišao takav period kad je ta praznina morala nečim da se popuni. Ja sam prosto fizički osećala približavanje toga. Gledala sam unaokolo i obeležavala u sebi sve poznate devojke i pitala se: ova ili ona? Kod nas u kući bilo je u to vreme puno sveta. Sašu sam skoro potpuno bila preselila kod mame u Nagornu, mada je kod nje već bila jedna unuka. Svako veče dolazili su gosti – ja i Petrov živeli smo grozničavo, kao u gostionici, dolazila su nam društva s gitarama, donosilo se vino. Ja sam pravila svoje specijalitete – rolat od keksa s orasima u celofanu i prženi luk sa žumancetom i prženim kriškama crnog hleba. I imala sam utisak da sve ide dođavola, da se sve ruši, i da će se svaki čas raspršiti, zbog toga što je, bez obzira na gitaru, pesme i ples, bez obzira na kasetofon i lepe momke i devojke, kod nas u kući tokom tih večeri bilo nategnuto i dosadno.

I ja sam gledala sve te mlade devojke koje su sazrevale u čitavim grozdovima dok sam ja nosila Sašu, odgajala ga, obilazila prodavnice, hranila i prala Petrova, dok smo kupovali kasetofon i dečji nameštaj za Sašu koji je rastao. Devojke su išle u napad u čitavim četama – lepe, s modernim frizurama, spretne u snalaženju sa svojim oskudnim stipendijama i platama, spremne na sve, agresivne. Ali ja sam znala da ne treba njih da se plašim. Ipak sam ja poznavala svog Petrova. I gledala sam sve te devojke i znala da on želi Raisu, i to ne samo onako, nego za ceo život.

Ali ma koliko to bilo čudno, njihovi odnosi ne samo da se nisu popravili nego su se čak pogoršali. Ona prosto nije mogla očima da ga vidi i sve je ređe dolazila kod nas kad je on bio prisutan. Ona nije mogla da mu oprosti to što ja umirem od neizvesnosti – jer ja sam joj sve pričala, osim svoje glavne sumnje.

A zatim je on pozvao u goste tu debelu, mlohavu Nadeždu iz treće laboratorije. On ima taj čudni običaj: svaku od svojih devojaka obavezno dovodi kod nas kući. Ne mogu da shvatim šta ga tera na to. Ponekad mislim da on to radi zbog mene, protiv mene, da me natera da se još više mučim i na taj način učini svoju avanturu još slađom. Ali onda odjednom pomislim da ja s tim nemam veze, da Petrov dovodi kući svoju novu devojku zbog sopstvenog mira, da sve bude pošteno, bez prevare, i ta devojka tačno zna u šta se upušta, na šta se odlučuje – a on sam se posle toga oslobađao briga, odlazio iz mrtvog prostora koji deli mene i tu drugu ženu, da bismo se mi borile jedna s drugom, a ne sa njim. A možda Petrov nije sposoban za takav suptilni psihologizam i jednostavno je u početku, dok stvar još nije došla do kreveta, mamio tu drugu devojku dvosmislenom i škakljivom ulogom prijateljice bračnog para. Jer Petrov izgleda prilično bezbojno, i ja ne znam šta u njemu nalaze sve te žene.

Uglavnom, u našoj kući se usred cele te ludnice pojavila ta devojka – Nadežda. Meni se čak učinilo da ona Petrovu nije naročito interesantna, da je ona samo moj bledi krevetski ekvivalent i da će ovog puta avantura trajati kratko. Isuviše je ona bila poslušna i zadovoljna malim. Nije imala ništa od divljači za koju se čovek plaši da je ne otera. Ona je bila poput domaće životinje koju je čovek mogao jednostavno da tera šibom. Zbog toga mi je bilo žao nje. Malo smo se zbližile. Zajedno smo odlazile do instituta kad sam ja radila prvu smenu. I postepeno sam ustanovila da ona ništa ne shvata u životu, ni u šta se ne razume – ni u dobar veš, ni u knjige, ni u hranu. Samo je slepo, celom svojom kožom, osećala toplinu i dobrotu i, ne menjajući izraz lica i ne govoreći ni reč, išla prema toj toplini. Ona je u institutu imala nekoliko propalih veza i čak i trudnoću, nakon koje je rodila mrtvo dete. Ja sam se sećala tog događaja, i kako su žene kod nas govorile da je tako za Nadeždu bolje.

Naše druženje utroje trajalo je prilično dugo i trajalo bi i dalje da se nije desio jedan slučaj. Izašavši iz sobe po džezvu ja sam se pogledala u ogledalo u predsoblju. U njemu se odražavao deo sobe i sto za kojim su sedeli Petrov i Nadežda. I ja sam videla kako Petrov, oprezno kao da je u pitanju dete, savijenom šakom, gladi Nadeždu po bradi i kako Nadežda uzima tu ruku i stavlja je sebi na grudi.

Ja sam se savladala, ali mučila me je samo jedna stvar: kako sam mogla da previdim? Zbog čega sam sumnjala na Raisu, kad je stvarna opasnost – tu, odmah pokraj mene, i to je bilo utoliko strašnije što je Nadežda bila potpuno prazna osoba. Raisa je ipak – „savest čovečanstva – posebna devojka", a ova – nula.

Petrov je krenuo da otprati Nadeždu i vratio se u jedan sat noću, iscrpljen, malaksao, utučen. Ja ga nisam dirala, nisam mu ništa govorila, zato što sam znala: kad je u takvom stanju Petrov ima samo jedan cilj – da spava. Kad bih mu nešto rekla i izbacila ga, on bi mogao da spava u kuhinji, na stepeništu, na prozorskoj dasci. Mogao bi da ode Nadeždi i da ostane kod nje. Iz nekog razloga došao je kući. Znači, još nije sve izgubljeno. Znači, to još nije poslednji stadijum, nego tek početak nove avanture, koja nije bila ništa drugo do Petrovljev protest protiv jednoličnosti bračnog života. I jedino je to teralo Petrova da se tako koprca. Jednostavno bi mu jednog lepog dana postalo dosadno. Ponekad je nabavljao i donosio kući neka polupismeno prekucana i iskopirana predavanja i medicinske savete – u suštini, čistu pornografiju. Čitali smo to naglas pred Sevkom i Raisom, ali mora se priznati da na njih to nije ostavljalo očekivani utisak. Oni su ljubazno slušali, ali njima je to bilo nezanimljivo, kao da smo im čitali savete za obolele od arterioskleroze. Mada su mene i Petrova te lekcije zasmejavale do suza. I kod nas je takođe počinjala neka avantura, ali ona je bila veoma kratkotrajna i sasvim lišena onog potpunog duševnog smirenja, do kojeg je dolazilo one večeri kad se Petrov vraćao u krilo porodice.

I tako ja, računajući na to da će se Petrov sam od sebe vratiti i ovog puta, nisam obraćala pažnju ni na šta – ni na noćne povratke, ni na to što je Petrov potpuno zanemario Sašu i prestao da ga uči da čita. Ali nakon izvesnog vremena jedan komšija rekao mi je kako je cele te nedelje kad sam ja radila večernju smenu, Petrov dovodio kod nas neku debelu devojku i odvodio je tek pred moj dolazak. Te nedelje ni Saša nije bio kod kuće – mama je išla po njega u vrtić i vodila ga kod sebe u Nagornu, tako da je stan bio slobodan.

Ja sam odmah nazvala mamu i zamolila je da to veče iznimno bude sa Sašom u našem stanu, smesti ga u krevet i sačeka moj dolazak. Mama nije htela zbog toga što je imala puno posla u Nagornoj, moj stariji brat bukvalno joj je prepustio svoje dete, Ninočku. Ali ja sam je nagovorila da mi pomogne – neka se brat snađe jedno veče bez nje. Ne sećam se šta sam sve napričala o svom bratu, samo da bih pridobila mamu i naterala je da dođe meni. Mama nije ništa znala o Petrovljevim avanturama, a kad bi saznala, momentano bi nas razvela. Zbog toga joj nisam ništa govorila, i ona i Petrov bili su u prilično dobrim odnosima.

Kao što sam i računala, to veče Petrov je opet doveo Nadeždu i oni su nabasali na moju mamu. Između mame i Nadežde nešto se desilo. Zbog toga što se rat, ponavljam, nije vodio između mene i Petrova, nego između mene i Nadežde. I to je bio moj plan, da će Nadežda biti slaba, i kad ugleda pobesnelu taštu i uplakano dete, povući će se.

Možda se ona i povukla. Ali nije Petrov. On uopšte nije došao kući tu noć, i delovalo je kao da se neće vratiti uopšte. Nekoliko puta dolazio je kući – po britvu, sokne i košulje, zatim po kasetofon. On se zapustio, izdužio i odjednom počeo da liči na onog simpatičnog dečaka koji me je nekad voleo do besvesti.

On se ponašao oholo, ja mu ni reč nisam rekla, ćutke sam mu dala kasetofon i sve što je hteo, kao da sam u sebi unapred odgovarala na nepostavljena pitanja. Ali ćutala sam, mada je već bilo jasno da ga nikakva plemenitost neće vratiti.

I tada sam shvatila da gubim sve, ceo svet, samo je Raisa još ostala sa mnom s ove strane, a ceo svet bio je s druge strane. Mama se uplašena neočekivanim rezultatom svoga uplitanja ljutila na mene zbog tog nameštenog susreta. Saša? Ja sam trezvena žena. Ja znam da dečja privrženost i ljubav nisu vezani za roditelje kao konkretne ljude. On bi jednako snažno zavoleo i bilo koji drugi spoj lica, tela, boje kose, karaktera i uma. On bi me voleo da sam ubica, velika violinistkinja, prodavačica u radnji, prostitutka, svetica. Ali to je tako samo dok iz mene crpi svoj život. Zatim će, jednako ravnodušan prema meni kao čoveku, otići. Ta svest o njegovoj skoroj izdaji obeshrabrivala me je svaki put kad sam se saginjala da ga zagrlim, već opranog dok je ležao u polutami na svom divanu. Možda je za to osećanje kod mene bio zaslužan Petrov – navikao me da očekujem izdaju.

Mama me isto tako već nije volela. Ona me uostalom nikada i nije volela kao čoveka, već samo kao svoj porod, svoju krv i meso. Sada, pod stare dane, ona je bila izuzetno vezana za Sašu i svoju drugu unuku Ninočku. A prema meni, Petrovu, mom starijem bratu i njegovoj ženi, bila je već ravnodušna – mi smo bili jednostavno – rođaci. Otišla sam Raisi i sve joj ispričala. Ja, može se reći, već imam iskustva s takvim pričama. Pričam svojim koleginicama u insitutu, pričam čak i slučajnim poznanicama poput onih sa kojima se tri dana valjaš u porodilištu posle abortusa. Ali Raisi sam ispričala drugačije. Raisa je zaista shvatila da na celom svetu imam samo nju. Da se tu više ne radi o avanturi već o gubitku prebivališta za mene i Sašu, o gubitku nade za dvosoban stan, o kojem sam tako strastveno maštala, koji sam čak i sanjala. Koliko puta smo ga ja i Petrov nameštali u noćnim razgovorima. Petrov je želeo sam da oslika zid u kuhinji, poput Sikejrosa, s jednom ogromnom freskom, čak je hteo da oslika belu emajliranu površinu plinskog šporeta, frižider. Sve su to bili snovi, mada moj Petrov pristojno crta perom, preslikava iz časopisa portrete poznatih džez-muzičara, stavlja ih u crne okvire i veša po zidovima. Petrov može da peva džez, on je nekoliko godina nastupao u amaterskom društvu u klubu „Pobeda", dok se nije osetio starim za sve te amaterske smotre, za putovanja autobusom po pripadnim kolhozima, za prinudnu pratnju učesnika klase solo pevanja. On je savladao udaraljke i pomalo kontrabas. I nekoliko puta pevao je u pratnji svog kvarteta – klavir, gitara, kontrabas, bubanj – englesku pesmu „Šejkohem" – rekla bih da se tako izgovarala. Ali niko nije uočio njegov grubi glas bez promuklosti i nijansi, njegov besprekorni engleski izgovor. On nije pevao onako kao što je govorio, i u tome je takođe bila neka izveštačenost. Pevao je grubo, glasno, drvenasto, monotono, ali u tome je bilo toliko neposrednosti, toliko muške iskrenosti, bespomoćnosti. Pevao je sav se zategnuvši kao žica i pomalo se trzajući u ritmu pesme. Ja sam ga slušala samo jedanput, kad je Saša imao dva meseca. Nije mi bilo do Petrova to veče, mleko mi je prosto gnječilo grudi, bilo ga je u svakom deliću i kao da su mi grudi bile od drveta, kao da su brušene. Nervirala sam se, i besnela, osećala sam da Saša želi da jede, a Petrovljeva tačka bila je kao i uvek na samom kraju programa. I najzad je on sa svojim momcima izašao na scenu, oni su gurali klavir, a on je nosio novi mali mikrofon. Bubnjar je dugo montirao svoje instrumente, zatim su odsvirali Čemberlena, pa laki valcer, najzad „Šejkohem."

Petrov je pevao, podrhtavajući u ritmu celim svojim dugačkim telom i ja sam se čak malo zanela slušajući ga, ali mleko mi je ušlo u grudi i shvatila sam da treba da trčim Saši, on sada viče i traži svoje. I ustala sam, mada se pesma još nije bila završila, okrenula leđa Petrovu i potrčala iz sale. Nije mi bilo do Petrova, kao što mi ni sada nije do njega, zato što me je celu ispunio Saša, kao što mi je tada mleko ispunilo cele grudi, ne računajući pregrade. I ja do danas ne znam kako je Petrov doživeo moje bekstvo iz sale i da li su mu pljeskali onako kako je zasluživao – nisam ga pitala, a on mi nije pričao. Ništa mu nisam ni objasnila, mi smo uopšte u to vreme malo razgovarali.

Ne znam zašto sam sve to ispričala Raisi. Plakala sam pred njom kao da je samo ona mogla da me spasi. Nisam znala kako da vratim Petrova. Nije se samo rušio moj san – stan, nego se pojavila i užasna avet Sašinog života bez oca, a to je najgora rana za mene, i možda sam se ja upravo zbog toga tako grčevito držala za Petrova. Postaću samohrana majka, a Saša će patiti za muškom rukom i napustiće me čim ga pozove prvi drug kojeg sretne. On će krenuti za bilo kojim pantalonama – željan muškog društva i razgovora, otići će u bandu ili u dom. Na reč „dom" ona se čak nije ni trgla.

Ali već ujutro smirila sam se. Odjednom mi se počelo činiti da je to samo nova Petrovljeva avantura, zatim što on ne voli Nadeždu i između nas se nije desilo ništa loše, ni svađa, ni razgovor – pa to se samo moja mama posvađala s njim, a moja mama – to nisam ja. I kad sam išla na posao odjednom mi je pala na pamet šašava ideja da odem i popričam s Naždom. Ali kasnije sam odustala od toga. Nju je čovek mogao da pokrene samo nečim dobrim za nju, samo brigom o njoj i toplinom, a šta sam joj dobro ja mogla ponuditi? Tek što je naslonila glavu na mog Petrova – i već da se lepo čisti od njega? Ona me čak neće ni shvatiti.

Ali nije to bilo najvažnije – najvažnije je bilo da nagovorim Petrova da se makar fiktivno vrati kod nas. Neka ide kud hoće, samo da ga Saša viđa. A kako to predložiti Petrovu – on to sam neće uraditi, a ni na moju molbu isto tako. Otišla sam Raisi i zamolila je da razgovara s Petrovom telefonom. Tako i tako stoje stvari, nešto te dugo nema, što ne dođeš da popričamo – takvu sam joj varijantu razgovora predložila – jednostavnu i nepretencioznu. Ona je pristala. Ali pristala je nekako uplašeno. Ja doduše na to nisam obraćala pažnju.

Uveče sam došla Raisi. Ona je ležala na otomanu i pušila. Rekla mi je da je razgovarala s Petrovom. Da će se sutra vratiti. To je sve što mi je rekla, a onda je odjednom po svom običaju počela da plače. Ja sam joj donela iz kuhinje čašu vode i odjurila po Sašu u vrtić.

Sutradan se Petrov vratio s torbom i kasetofonom. U torbi su mu stajale dve zgužvane košulje i sokne u novinama. Kod nas je bilo čisto, prijatno, doručkovali smo utroje. Saša je pružao ruke prema Petrovljevim novinama i pitao koje je koje slovo.

Doduše, kraj avanture nije se nazirao. Petrov me nije primećivao, retko je bio kod kuće. Ali to je ipak bilo bolje od potpunog odsustva.

Zbog poslova nekako nisam stizala da svraćam kod Raise. Nisam imala ni potrebu za tim. Kuća me je potpuno okupirala. Kod Petrova je uskoro trebalo da se rešava pitanje stana. Ja sam jurcala, naručivala garnituru, stajala u redu.

Petrov je već počeo da me upitno pogleda, gledao me je s očiglednim zadovoljstvom, kako letim iz kuhinje u sobu, kako razgovaram sa Sašom. Pre večere Petrov je otišao bez reči i vratio se s flašom poluslatkog šampanjca.
Upitao je:
– Hoćeš li da popiješ sa mnom?
I ja sam otrčala u kuhinju po čaše od češkog stakla.
Kucnuli smo se. Ja sam šaljivo rekla:
– Za Raisu. Za našeg dobrog duha.
A Petrov se ironično osmehnuo i nekako zlobno rekao da su momci bili u pravu, ona je zaista klada.
Tek tada sam sve shvatila i zažalila što me je Raisa tako izdala.
I ona je prestala da postoji za mene, kao da je umrla.

GOST

Ipak sam pozvala u goste tog Tolju, tog divnog Tolju, čiji obrazi već počinju da mlohave, i rekla mu:
– Tolja, ali zašto vi starite tako rano, sećate li se kako ste bili divni kad ste bili mladi.

I sve je kod nas u redu, svira muzika, gori sveća, ujutro je od nje u svećnjaku ostao samo izgoreli fitilj. Tolja kao i uvek, dosadan do krajnjih granica, počinje razgovor izokola, otvara flašu, ja donosim iz kuhinje prženi krompir, Tolja ga polako stavlja sebi u tanjir, dodaje gljive, sedi s rukama na kolenima, zatim nam sipa votku do vrha, i pivo u čaše, da zalivamo votku.

To je, naravno, od samog početka bila suluda ideja – da zalivamo votku pivom, ali ja nisam tome pridavala značaj, sve mi je bilo ravno to veče, a možda sam upravo tome pridavala veliki značaj. U svakom slučaju, bili smo sami, ujutro su komšije mogle svašta da pomisle, pogotovo što se sve tako neverovatno završilo, ali to me isto tako nije brinulo niti me brine.

Sve u vemu, Tolja počinje razgovor izokola, govori svojim nežnim glasom neke gluposti, iako on ima izuzetno istančan ukus, i sve doživljava na pravi način. Ali on sve govori dugo, dosadno, stalno prežvakava jednu te istu misao, da je on izgubljen, da je izgubio nit života, da ga ništa ne uzbuđuje, baš ništa, da on nekad odluči da nešto uradi, doživi, odlazi u krajnosti, ali ostaje jednako ravnodušan.

– Tolja – kažem mu ja – zar vi nikada ne poželite da se radujete, da budete srećni, zar vi niste paganin – poklonik zemlje i neba?

– Ne, ja želim da patim, ja ne umem da se radujem, časna reč, nisam u stanju da se radujem.

– Tolja – kažem mu ja – a evo, recimo, ti nebrojeni rođendani kod vaših prijateljica i prijatelja, zar vas ta slavlja ne zabavljaju? Ja, naravno, razumem, ali ponekad ipak treba biti pomalo paganin, treba, jednostavno, obožavati zemlju, njene radosti, vino...

– Ne – razgaljuje se Tolja – u tom slučaju moram da dolazim kući taksijem a ne želim da gubim živce tražeći od mame rublju svake noći.

– Ali, evo, recimo, konzervatorijum...

– Šta konzervatorijum – zamišljeno govori Tolja – da izlazim iz njega prosvetljen, kao kod nas kući stara Liza? Ako je majka istuče, izgrdi, izbaci iz kuhinje, ona odlazi u crkvu i vraća se odatle prosvetljena, oprostivši sve. Ja sam ovako čudan – kaže Tolja – zato što me je majka rodila kad je imala četrdeset godina, a otac pedeset.

– Vi smatrate da je tu odigralo ulogu to što su vas oni puno voleli i mazili?

– Ne – odgovara Tolja – po svoj prilici, nije stvar u tome.

On počinje naširoko i dosadno da priča o tome koliko čoveka pritiska tajna njegovog rođenja.

– Tolja – kažem mu ja posle dugih i dosadnih razgovora o tome kako je čovek unapred određen još pre svog rođenja – ali zašto me vi ipak zovete telefonom? Neprestano me zovete. Ja ponekad prilazim telefonu, vi osećate kako ja razgovaram s vama, kako nategnuto to kod mene ispada? Ja, jednostavno nikako ne mogu da shvatim zbog čega sam vam potrebna. Ja čak ni kad vas sama zovem ne mogu da objasnim zašto to činim i svaki put pre toga zastajem pored telefona, ali svaki put, ne shvatajući ništa, na silu okrećem vaš broj i vodim neke usiljene, neoplemenjene nikakvim ciljem, razgovore. Vi, sigurno, imate isti takav osećaj, ne shvatate zašto sam vas ponovo zvala, i dugo razmišljate o tome, ali ništa ne shvatate i ipak posle izvesnog vremena prilazite telefonu i zovete me. Evo, recite, Tolja, zašto me zovete? Sigurna sam da ne znate zašto. Samo budite potpuno iskreni, nas dvoje nemamo šta da krijemo jedno od drugog, a nemamo ni razloga.

– Vi mi se dopadate. A zašto vi mene zovete?

– Ja želim da vas shvatim. Sve te vaše reči – nekako prolaze pored mene, ja ih nikako ne povezujem sa vašim divnim likom. Ponekad mi se čini da ja pružam ruku prema vama i ona prolazi kroz vaše grudi i kroz vas. Shvatate li? Vi ste na neki način bestelesni, ili mi se čini, ili grešim, ali stalno se iznova uveravam da sam u pravu.

– Vi ste i sami paradižanka.

– U kom smislu, Tolja? U kom smislu sam ja paradižanka? Paradiz – to je raj? Kako sam ja to paradižanka? Da li mi možete to objasniti? Ja imam osećaj da će moja ruka, ako vas dodirnem, proći kroz vas. Ako vas dodirnem, jednostavno ću dodirnuti naslon stolice.

Tolja sleže ramenima i pije pivo.

– Čujte, Tolja, ponovo imam isto ono osećanje koje me obuzima kad prilazim telefonu da vas pozovem. Čemu sve to? To je nekako neprirodno, usiljeno; vi nemate takav osećaj? Zašto me zovete, zašto ste sada došli ovamo, i zašto sam ja pržila krompir i češljala se? Zašto ste vi kupili votku i naročito pivo, zašto pivo, da zalivamo? Kako je moguće zalivati votku pivom? Čemu to? Šta kažete na to? Zašto pivo?

– Da zalivamo. To se tako radi.

– I šta posle?

– Šta – posle?

– Dobro, zalićemo votku pivom, poješćemo krompir, a posle? Ne mislim na to šta treba da preduzmemo i kakvu možemo imati perspektivu, nego jednostavno: šta posle? Šta posle? Dobro, ispričajte mi kako vam je na poslu? Na kraju krajeva, ja ništa o vama ne znam, šta radite? Ne zatvarajte se, molim vas, nas dvoje ne možemo imati tajne, mi nismo ničim vezani. Ljudi koji nisu ničim vezani, kao nas dvoje, kao slučajni saputnici u vozu, kao pacijenti u bolnicama, ne treba da imaju tajne. Mi nismo zainteresovani jedno za drugo, je li tako, Tolja?

Recite: da! Ako budete tako sedeli i duvali se, poslaću vas kući. Je l' tako da mi nismo zainteresovani jedno za drugo? Dakle?
— Ne duvam se, slušam vas. Mogu da ponovim još jednom da mi se sviđate. Hajde da popijemo: imamo odlično posluženje, odličnu votku, odlične gljive.
— Vi ste, ipak, po nečemu paganin, priznajte, Tolja! Ipak sam vas odgonetnula, bez obzira na to što ste mi još uvek nepoznati. Volite li svoj posao? Koliko dobijate? Da li imate dobre plate tamo?
— Plate su nam od sto do sto pedeset rubalja.
— A vi? Koliko vi imate? Želim da znam sve o vama.
— Ja zasad dobijam tamo devedeset, ali imam dva slobodna dana. Odnosno, kako slobodna: dan pre toga ponesem gomilu fascikli i obavestim načelnicu da ću raditi kod kuće. A prekosutra donesem sve te fascikle natrag na posao.
— Bože, hajde da popijemo, Tolja! Naspite mi i piva, nema veze.
— Ja sam vrlo dobro prošao, praktično treba da dolazim na posao triput nedeljno.
— U vaše zdravlje, Tolja, vi ste sigurno bili izuzetno lepi sa osamnaest godina. Još pre godinu dana, imali ste kosu drugačije boje, sada vam je potamnela, tada ste imali divnu kosu, neke neobične boje.
— Kad sam imao osamnaest godina... — odgovara Tolja zabacivši glavu i gledajući u sveću — ničega se ne sećam iz tog vremena, ništa mi nije ostalo u pamćenju zbog toga što sam bio zaokupljen seksualnim sazrevanjem.
— Neverovatno zanimljivo, Tolja. Kod vas su se pojavile neke nove intonacije, to je verovatno zasluga piva kojim tako revnosno zalivate votku. Ali nije važno. I šta je to bilo s vama kad ste imali osamnaest godina? Osim toga, čula sam da ste bili oženjeni i da ste se razišli. Ljudi ne treba da se razilaze, to je užasno bolno.
— Ne, ne, nije tu bilo ničeg sličnog. To je bio brak iz računa. Mojoj ženi bilo je potrebno da se nekako učvrsti ovde, želela je da njena ćerka ima prezime i tako dalje.

– Dobro, a vi, kakav ste vi imali račun, Tolja? Kakvu korist ste vi izvukli, šta ste imali od toga što ste se oženili ženom koja ima dete? To vas je učinilo ozbiljnijim? Ne razumem vas u vezi sa tim. Nemojte da krijete, recite mi sve kao prijatelju. Vi sve skrivate od mene, to nije lepo. Pa vi ste bili divni, da nema tih obraza... ne treba toliko da pijete, Tolja! Od toga starite, a vi ne treba da starite, poput boga Erosa!

– Dozvolite mi da prilegnem na trenutak – odgovorio je na sve to Tolja i legao na otoman i odspavao do devet sati ujutro. Ja sam sve pospremila i sedela kao u prošlom veku sa svećom, zatim sam izvukla pidžamu ispod Toljine glave, ispod jastuka, i legla da spavam na rasklopivi ležaj, srećom sva posteljina bila mi je spremljena u ormar.

Noću je Tolja jednom poskočio i izuzetno brzo počeo da mrmlja: „u ovoj sobi je ranije bio izlaz, a sada u ovoj sobi nema izlaza"". – „Šta vam je, Tolja? – odgovorila sam mu ja – šta vam je?" On je sedeo na otomanu, odeven, žut pri svetlosti sveće i zatim odgovorio: „Samo trenutak" – i ponovo pao i probudio se u devet ujutro kao da se ništa nije desilo.

Ja sam u to vreme već pila čaj u kuhinji, iz nekog razloga poželela sam da pijem čaj, i ramišljala o tome u kakvu me je glupu situaciju pred komšijama doveo taj Tolja. Tolja se, pak, probudio kao da je sve savršeno normalno, popio sa mnom čaj i sedeo do dvanaest sati i opet dugo i dosadno govorio o tome u kojoj meri se u njegovoj svesti raspala veza između vremena, ispričao je sadržaj filma koji ja još nisam gledala, i na kraju se oprostio i izašao.

Sada me od svega toga boli glava.

Ja još uvek ne znam da će on kroz godinu dana izvršiti samoubistvo, bacivši se kroz prozor.

MESECI

Odsela sam na trećem spratu našeg odmarališta na obali mora, koje je u to tmurno vreme tutnjalo poput večito prolazećeg voza. Jednom pušteni u pogon, talasi su stalno navirali, a kod nas je ručak smenjivao doručak, i ćaskanje, koje nam je zamenjivalo realni život, ispunjavalo je sve slobodne trenutke. Za sve nas bilo je to vreme odmora, osoblje je bešumno služilo hranu, pralo i iznosilo đubre, sve je išlo dobro, sklopljena su i intimna poznanstva, kao što to uvek biva u takvim uslovima, i nekolikim porodicama, ostavljenim u gradu, pretio je raspad, a mi stariji ljudi, penzioneri, koji smo dospeli u odmaralište samo zahvaljujući u ovo hladno doba slobodnim mestima – mi smo se bavili svojim bolestima, ujutro sedeli u redu za inhalaciju, uveče pored televizora, i tako se živelo. Kod nas, takođe, nije moglo proći bez žestokih strasti, bez klevete, bez ljubavi i ljubomore, formirale su se grupe, ali smo isto tako živeli život jednog mladog para i njihovog prijatelja. Često smo nagađali koga li će izabrati Ajna, jedne starice su volele belokosog Imanta, s plavim očima i upalim obrazima koji su obećavali da će u zrelom dobu načiniti Imantovo lice nalik na skulpturu, druge su davale prednost malom crnokosom Edgaru, koji je vrlo ličio na Čarlija Čaplina, čudaku sa sitnim crtama lica i od duvana žutim zubima. Njih dvojica, Imant i Edgar, bili su stari prijatelji, a Ajna se pojavila među njima tek ovde i bila, jednostavno, neizostavni element odmora. Visoka, s grozničavim smehom i velikim životnim iskustvom, Ajna je išla s Edgarom, spavala s Imantom, a oni su obojica želeli da bude obratno. I tako smo svi mi živeli, sve dok se jednom, uveče, ispivši obavezni kefir, nisam u lošem raspoloženju popela kod sebe na treći sprat. Upalila sam svetlo, i pošla ka prozoru da navučem zavese, i tada je počelo. Neko je zavirivao u prozor. Lice nalik na masku za hokej, na lobanju, na dinju izbušenu nožem, čas se približavalo, čas udaljavalo. Pojurila sam iz sobe, u hodnik, u hodniku su se tiskali svi naši, a među njima ugledala sam ponovo ista ona mesecolika stvorenja. Svi naši stajali su u potpunoj tišini, ne pomerajući se, skamenjeni. Ajna, Imant i Edgar, kao da su se sve troje slepili, ali u prostor koji je nastao između njihovih vratova protiskivalo se mesecoliko stvorenje. Imant i Edgar čvrsto su držali Ajnu ili su se držali za nju i zbog toga se, po svemu sudeći, tako uporno protiskivalo s Ajninih leđa ka njihovim bradama to stvorenje sa neobaveznim izrazom lica, kao da se to bio mesec koji se marljivo provlači kroz klisuru. Ja sam stajala po strani i zato me stvorenja nisu mnogo dirala, nije po svoj prilici bilo primamljivog razmaka između mene i nekog drugog, mada je on postojao, u šta sam se uverila nakon izvesnog vremena, osetivši podrhtavanje pod miškom, i ne samo pod miškom. Onda sam raširila ruke, razmakla noge do širine ramena, zatim sam morala da razdvojim prste. Najgore je bilo s ustima, ali uskoro, kad sam zinula, uverili su se da ni tu ni kroz nozdrve niti kroz uši nemaju prolaz, bez obzira na njihovu veliku prilagodljivost. Njih je najviše interesovalo ono što je na suprotnoj strani imalo izlaz u vidljivoj perspektivi. Zato su se s nekom zabrinutošću protiskivali između naših troje zaljubljenih.

Čovek se brzo na sve navikava, važno je samo da prouči pravila ponašanja u svakom pojedinačnom slučaju, izvede zakone. Tako da smo uskoro svi mi počeli vikati Ajni, Imantu i Edgaru da se odmah razdvoje i naša nerazdvojna zaljubljena ekipa rasturila je svoje redove. Najgore je bilo Ajni, ona je želela da sačuva oba dečka i stalno ih privijala uz sebe, sve dok sopstvene nevolje nisu odvukle njenu pažnju i dok nije počela grčevito da skače u mestu u svojoj dugačkoj suknji, a zatim je ipak morala da svuče tu suknju i raširi noge, da bi se naredna nepokolebljiva ličnost protisnula između njenih kolena. Svi su se plašili se vrate u sobe, svi su se prilagodili, više se nije radilo o komforu, niti o očuvanju pristojnosti. Ajna, kao najnestabilniji lik, pala je u nesvest, i istog trenutka počela da se krivi, ljulja, zato što su se u nadi da će izaći s druge strane, ispod nje podvukli naši novi poznanici, naši izobličeni meseci, dinje i ko zna šta sve još ne. Zajednička sudbina slikovito nam je isplivala pred oči, odsada smo bili primorani da spavamo na živim bićima, pod nama je sad trebalo nešto da puzi, premešta se, roni, nijedan krevet, nijedna fotelja nisu bili garancija za odmor, pa šta, čovek se svemu prilagodi, i uskoro se život ponovo vratio u svoju kolotečinu. Pojavili su se oslonci za ruke, posebne poze (ruke na kukovima), usta su bila stalno otvorena, da nam došljaci ne bi zapušili grkljan u potrazi za izlazom kojeg u vidljivom prostoru nije bilo, u šta ih je trebalo uveriti.

Imant i Edgar ostavili su Ajnu i razišli se međusobno. Ajna je tumarala poput živog raspeća, poput oličene nesreće, poput ubedljivo izražene samoće. Imant, s njegovom bradicom, gledao je iz daljine s velikom napetošću, što je moglo izražavati razne stvari, ali izražavalo je, po našem mišljenju, strah za sopstveni život i za sve ono što je još nameravao da uradi, mada, u svetlu poslednjih događaja, nije mogao misliti da će sve ostati po starom, uključujući i njegove planove. Edgar je išao kao da maše krilima, i upravo on je izmislio način hodanja koji su momentano svi preuzeli: radilo se o postavljanju nogu tako da vrhovi stopala gledaju jedan u drugi dok se istovremeno listovi okreću ka spolja. Tako se stvara široki prostor za prolazak došljaka i istovremeno se nije gubilo ljudsko dostojanstvo jer, najzad, postoje i krivonogi ljudi, i oni hodaju tim krivim nogama kao da to nije ništa neobično, nisu oni krivi.

Samo je Ajna sedela zaključana u svojoj sobi, i upravo su ka njoj kroz sve pukotine hrlili naši došljaci (kod svih su vrata bila širom otvorena, i priliv došljaka je bio samo u jednom pravcu – kroz proreze na prozorima prema otvorenim vratima). Bilo je utvrđeno da iz širokog u usko oni idu teže i nerado: to je ličilo na neki zakon, nađeni su i mogući uzroci pojave stvorenja, pretpostavljalo se da su posredi mutacije mikroba ili nečeg drugog, divovi s nejasnom strukturom i nečim što podseća na rep. (Rep se posebno neprijatno izvijao prilikom prolaska ispod ležećeg tela, jer mi smo spavali, ne obraćajući pažnju ni na šta, registrujući samo izvijanje repova.) Samo je Ajna sedela u svojoj sobi zaključana i k njoj je prodiralo nebrojeno mnogo došljaka izvana i od nas. Iznenada je primećeno da što je duže zaključana Ajnina soba, to se više stvorenja upućuje ka njoj, i utoliko ih je manje kod nas. Oni se, po svemu sudeći, nisu neograničeno razmnožavali, njihov broj bio je konačan, tako da se na kraju sve uravnotežilo, kod svakog je u sobi živelo po dva-tri krevetska stvorenja, ali zato je kod Ajne, po svoj prilici, sve vrvelo od njih. Neshvatljivo je kako je ona mogla da živi tako, kod nje ih se namnožilo kao bubašvaba, povremeno je istrčavala u trpezariju, sva iscrpljena i žalila se da ne spava, da ne može više. Jer ona je, kao i ranije, hodala graciozno, sa pravim nogama, jedino je obukla pantalone, i poput crva promicali cu ispod miške i u međici repovi došljaka, koji su se muvali gore-dole, i svi joj okrenuše leđa.

I kada je jednom ona, shvativši u čemu je stvar, otvorila širom vrata svoje sobe, neko je, jednostavno, prolazeći pored, izvadio iz njenih vrata ključ i zaključao je sa spoljašnje strane, kako došljaci ne bi ponovo pohrlili ka nama. Ajna je udarala u vrata, lupala, zatim je izbila prozore koji su bili zabravljeni zbog hladnoće, i najzad se sve stišalo i mi smo zaspali, stresajući se u snu usled kretanja došljaka u postelji.

A Ajna je preživela, mada je niko nije otključao. Ona je skočila s trećeg sprata naočigled svih, dok su se šetali po plaži raskrečenih nogu. Jedno vreme stajala je na svom polomljenom prozoru, zatim je skočila, a cela njena nakazna družina složno se pokrenula i ponela je – jer oni su leteli, kako smo to mogli zaboraviti! Ajna je letela iznad nas kao torpedo, a ovi bledoloki pratili su je poput počasnog konvoja, podržavali je u letu, i to je bilo lepo, kao prvo, a kao drugo – pa to je bilo rešenje problema: mogli smo spavati lebdeći – oni bi nas pridržali, nisu imali drugog izlaza. Da bi se to dogodilo bilo je dovoljno da čovek padne s kreveta: to je otkrio belokosi Imant, jednom ga je neko kroz otvorena vrata video da tako leži, i uskoro smo svi mi spavali lebdeći. A naša lepotica Ajna odletela je i mi smo joj zavideli, jer niko od nas nije imao dovoljno pratilaca da bi odleteo odavde, ona je sve svoje odvela, a saobraćaj na Zemlji više ne funkcionoše. Ponekad vidimo ptice selice, takve kao što je bila Ajna, one lete nad našim glavama, a mi uzgajamo krompir u baštama, jer smo ostali ovde doživotno. Pa šta, to je divna sudbina. Istina, već je počela borba za sticanje dodatnih stvorenja, koja ostanu nakon nečije smrti (žive ne napuštaju), i sve veći broj osvajaju Imant i Edgar, tako da će uskoro i oni odleteti; ipak – tako brzo i tako visoko kao Ajna, neće uspeti da odlete, meseca imaju malo i cena je previsoka – ljudski život, a mi se ne rastajemo tako lako od života...

U SVOM KRUGU

Ja sam stroga, surova osoba, uvek sa osmehom na punim crvenim usnama, uvek se svima podsmevam. Sedimo tako, na primer, kod Mariše. Kod Mariše se petkom okupljaju gosti, dolaze svi odreda, a ako neko ne dođe, znači ili da ga ukućani ne puštaju, ili kućne okolnosti, ili ga, jednostavno, ne puštaju ovamo kod Mariše, ili ga ne pušta Mariša, ili celo besno društvo: kao što dugo nisu puštali Andreja koji je u pijanom stanju mlatnuo našeg Serža u oko, a Serž je kod nas neprikosnoven, on je naš ponos i veličina, on je, recimo, odavno izračunao princip leta letećih tanjira. Izračunao ga je pravo na poleđini albuma za crtanje u koji crta njegova genijalna ćerka. Ja sam videla te proračune, zatim sam ih vrlo drsko pregledala, pred svima. Ništa nisam shvatila, same besmislice, veštačke konstrukcije, formalno uzeta svetska tačka. Ukratko, nije to za moj mozak, a ja sam veoma pametna. Ono što ne shvatam, to i ne postoji. Dakle, pogrešio je Serž sa svojom veštački uzetom svetskom tačkom, i, uzgred, on već odavno ne čita literaturu, uzda se u intuiciju, a literaturu treba čitati. Otkrio je tu novi princip rada voza sa koeficijentom korisnog dejstva od 70 procenata, ponovo neverovatna stvar. Sa tim principom počeli su da ga vode u visoko društvo, na sastanke kod Kapice, kod akademika Frama, kod akademika Livanoviča, Livanovič je prvi došao k sebi i ukazao na izvor, princip je otkriven pre sto godina i popularno opisan u fakultetskom udžbeniku na toj i toj strani sitnim slovima, KKD se odmah smanjio na 36 procenata, sve u svemu ništa. Ali bez obzira, svi su se uzbudili, formirali su odeljenje kod Livanoviča, a našeg Serža postavljaju za načelnika, i to bez magistrature. U našim krugovima likuje se sa razumevanjem, a Serž se ozbiljno zamislio nad svojim životom, da li su to te vrednosti koje su mu potrebne, i zaključio da nisu. Odlučio je da radije ostane u svom Svetskom okeanu, i svi su ponovo u šoku: ostavio je karijeru zbog komfora i slobode, u Svetskom okeanu on je samo običan mlađi naučni saradnik, tamo ima potpunu slobodu, a uskoro treba da krene i odavno planirana ekspedicija na Atlantik, sa pristajanjem u Vankuveru, Bostonu, Hong-Kongu i Montrealu.

Pola godine mora i sunca. Dobro, izabrao je slobodu, a tamo u njegovoj tvorevini – odeljenju sa KKD od 36 procenata već su formirali tim, postavili za načelnika nesposobnog magistra, sve je dupke puno, počeli su da rade polako i natenane, te u menzu, te na službeni put, te puše. Odlaze po Serža radi konsultacija, tačnije u početku su odlazili, dvaput, Mariša se smejala kako u Svetskom okeanu više ne znaju šta da misle, stalno im nekog Serža, mlađeg naučnog saradnika, ispred nosa odvlače na konsultacije. Ali to je ubrzo prestalo, oni su ušli u problematiku, najzad nije to jednostavna stvar, ne radi se o principu, nego o drugoj tehnoligiji, zbog koje bi trebalo reorganizovati postojeću proizvodnju, nije potrebna struja, sve se vraća u vek pare, sve je to za mački pod rep. Tako da u početku, umesto progresa, sve ide do đavola kao i uvek. A sve to forsira jedno odeljence sa pet ljudi, tamo se kao laborant zaposlila jedna naša poznanica, Lenka Marčukajte, dolazi, donosi nam utešne vesti da magistar samo što nije dobio vanbračno dete, a roditelji te žene se spremaju da pošalju pismo o tome nadležnima, na poslu je potpuno van sebe, urla preko telefona, a soba je zajednička i nema govora ni o kakvoj energetici. U međuvremenu, spremaju projekat rešenja da im se ustupi ogledni strug u podrumu instituta na tri sata tokom noći. Ali Serž je mnogo gore prošao sa tim komforom i slobodom, došlo je vreme da se popunjavaju ankete za ekspediciju, a on je u anketi napisao da nije u partiji, a one godine kad se zapošljavao u Svetskom okeanu napisao je u anketi da je član VLKSM.[1] Uporedili su te formulare i utvrdili da je on samoinicijativno napustio komsomol, i čak se u Svetskom okeanu nije registrovao u komsomolskoj organizaciji, tako da nije platio članarinu za mnogo godina, i ispostavilo se da to ne može da se popravi ni plaćanjem, niti bilo čim drugim, i komisija ga nije pustila na okean. Sve je to po dolasku ispričao isti onaj Andrej-izopćenik, i dozvolili smo mu da ostane i pije votku sa nama, a on je u zanosu rekao, da mu niko ništa ne priča, on je da bi ušao u ekspediciju postao cinkaroš, ali obavezan je da cinkari samo na brodu, na kopnu nije angažovan. I zaista, Andrej je otišao na okean, a kad se vratio doneo je iz Japana mali plastični muški ud. Zašto tako mali, pa zato što nije imao dovoljno dolara. A ja sam rekla da je to Andrej doneo za svoju ćerku. A Serž je sedeo tužan, iako je dobio potpunu slobodu, ceo institut je išao na okean, a on je s malim timom laboranata obavljao otpremanje, prepisku i doček ekspedicije u Lenjingradu. Međutim, to je bilo davno i nije istina, završili su se oni dani kada su Serž i Mariša zajedno patili zbog Serža, i bili u čvrstoj vezi, završili su se ti dani razumevanja, a došlo je sam đavo zna šta, ali svakog petka mi kao namagnetisani redovno dolazimo, u kućicu u ulici Stuline i pijemo celu noć. Mi – to su Serž i Mariša, vlasnici kuće sa dve sobe, u jednoj od njih uz zvuke kasetofona i smeha spava propisno vaspitano dete, ćerka Sonja, talentovana, originalna devojčica-lepotica, ona je sada moja rođaka, možete zamisliti, ali o tome kasnije. Mariša je takođe sada moja rođaka, a i sam Serž, mada je to smešan rezultat našeg života i obično rodoskvrnuće, kako se izrazila Ta-

---

[1] KOMSOMOL *(Prim. prev.)*.

nja, kada je prisustvovala venčanju mog muža Kolje i Seržove žene Mariše – ali o tome posle.

Dakle, u početku je bilo ovako: Serž i Mariša, njihova ćerka u drugoj sobi, ja – kao peti točak na kolima, moj muž Kolja – Seržov verni i odani prijatelj; Andrej-cinkaroš, u početku sa ženom, Anjutom, kasnije sa raznim drugim ženama, zatim sa stalnom Nađom; onda Žora napola Jevrejin po majci, o čemu nikad niko nije govorio, kao da je to neki njegov porok, osim mene: jednom je Mariša, naše božanstvo, odlučila da pohvali neuglednog Žoru i rekla da on ima velike oči – koje li su boje? Svi su govorili, neko žute, neko svetlosmeđe, a ja sam rekla – jevrejske, i svi su se iz nekog razloga zbunili, i Andrej, moj večiti neprijatelj, se nakašljao. A Kolja je potapšao Žoru po ramenu. A šta sam ja to tako naročito rekla? Rekla sam istinu. Dalje: sa nama je uvek bila Tanja, metar i osamdeset visoka valkira, sa dugom plavom kosom, veoma belim zubima, koje je manijakalno prala triput dnevno po dvadeset minuta (jedan sat – i vaši zubi biće beli kao sneg), a isto tako i s velikim sivoplavim očima, lepotica, ljubimica Serža, koji ju je ponakad gladio po kosi, strašno se napivši, i niko ništa nije shvatao; a odmah pored sedela je Mariša, kao da se ništa ne dešava, a ja sam sedela odmah do njih i govorila Lenki Marčukajte: „Zašto ne plešeš, pleši malo s mojim mužem Koljom" – na šta su se svi grubo i glasno smejali, ali to je već bilo na samom kraju našeg zajedničkog života.

Tu je bila i Lenka Marčukajte, veoma lepa cura, grudi „petica", kosa dugačka, smeđa, izvozna varijanta, dvadeset pet godina. Lenka se u početku ponašala kao prevarantkinja, što je i bila, s obzirom da je radila u prodavnici ploča. Ona je zadobila Marišino poverenje, ispričavši joj o svom teškom životu, zatim joj je izmamila dvadeset rubalja i živela sa tim dugom kao da ga i nema, onda je nestala, vratila se bez četiri prednja zuba, dala dvadeset rubalja („Eto vidite?" – pobednički je rekla Mariša) i rekla kako je ležala u bolnici, gde su joj presudili da neće moći da ima decu. Mariša ju je još više zavolela, Lenka samo što nije spavala kod nje, ali bez zuba to već nije bilo to, nije bila izvozna izvedba. Lenka se uz Seržovu pomoć zaposlila kao laborant u njegovom 36-procentnom odeljenju, namestila je zube, udala se za jevrejskog dečaka-disidenta Olega, za kojeg se ispostavilo da je sin poznate kozmetičarke Meri Lazarevne, i u toj prebogatoj porodici Lenka je neko vreme bila nešto poput našeg izviđača i uz smeh je pričala kakvu Meri ima spavaću sobu, kakve ormane, od kojih bi se za neki mogao proživeti život u dolarima, i šta joj je Meri još poklonila. Meri je tetošila Lenku i govorila joj da je njena koža – prirodno bogatstvo. Lenkina koža zaista je bila retko prirodno nežna, bela mast i crvena krv davali su neverovatan spoj u svako doba dana, bez obzira da li je bio suton ili zora, a usne su joj zaista bile crvene kao krv. Takvu kožu imaju sva odreda deca, moj Aljoška, na primer. Ali Lenka se prema sebi odnoslila nemarno, cunjala je po raznim rupama kao vrtirepka, sebe nije cenila i najzad je saopštila da njen Oleg sa svim svojima odlazi preko Beča u Ameriku, a ona neće da ide – i nije otišla, razišla se sa Olegom, počela da se odlikuje time što bi odmah po dolasku u neku kuću, sedala u krilo nekome od muškaraca i odlično se osećala, a naši jadni momci, bio to moj Kolja, ili cinkaroš Andrej, kiselo su se pri tome osmehivali. Samo Seržu nije se usuđivala da sedne u krilo, Serž je bio neprikosnoven, a tu je pored bila i Mariša, koju je Lenka obožavala, i njoj nije mogla da se podsmeva, kao što se podsmevala svima nama i mladoj ženi Andreja-cinkaroša, koja se razljutila i otišla u kuhinju kad se Lenka uvalila Andreju u krilo, ništa ne podrazumevajući pri tome. Ta žena Nađa bila je još mlađa od Lenke, imala je svega osamnaest godina, a delovala kao da ima petnaest, mršava, vitka, riđa, sa izgledom iskvarene učenice, jedino kod neke takve je i mogao da prođe Andrej koji je odavno, zahvaljujući brbljivosti svoje zvanične žene Anjute, bio poznat kao potpuno impotentan muškarac kojem ništa nije potrebno. Da je Nađa iskvarena, to stoji, ali udala se i postala je prava žena, otvori usta ta nimfeta i samo peva: te skuvala je to i to, te je Andrej pio i ona mu nije dala da pije dalje, te kupili su ovo ili ono. Jedino što joj je ostalo od njene iskvarenosti i izopačenosti – bilo je oko koje je prilikom nekih nespretnih pokreta izletalo iz ležišta i poput meko kuvanog jajeta ispadalo na obraz. To mora da je strašan prizor, ali Andrej se nosio sa tim, vozio Nađu koja je držala oko na dlanu u bolnicu, tako su to oko vraćali na mesto, i tih noći verujem da je Andrej bio u elementu. I sa prethodnom Anjutom, Andrej je bio zbog uzbudljivih trenutaka njenih napada kad ju je vozio umotanu u čaršav u „hitnim pomoćima" iz bolnice u bolnicu dok se nije ispostavilo da ona ima takozvanu otrovnu matericu. Ta otrovnost Anjutine materice bila je poznata u našem krugu, i na Anjuti i Andreju je stajao pečat osuđenosti. Svi mi smo već imali decu, Žora troje, ja Aljošu, i bilo je dovoljno da se ne pojavim par nedelja kod Serža i Mariše, već bi se naveliko pričalo o tome da sam u porodilištu: tako su se oni šalili na račun moje telesne građe. Tanja je imala sina, poznatog po tome što je kad je bio beba puzio po majci i sisao čas jednu dojku, čas drugu, i tako su se oni zabavljali. Andrej i Anjuta, pak, nisu mogli imati decu, i to je izazivalo sažaljenje, pošto je nekako besmisleno živeti bez dece i nije normalno, poenta je upravo u tome da čovek živi sa decom, razmišlja o kašicama, dečjim vrtićima, a u noći između petka i subote da se oseti kao čovek i terevenči punom parom sve dok suprotna strana ulice Stuline ne pozove miliciju. Anjuta i Andrej bili su osuđeni, sve dok jednom Anjuta nije iznenada rodila ćerku gotovo se ne promenivši. Slavlje je bilo potpuno, Andrej je te noći kad se dete rodilo doneo Seržu dve flaše votke, pozvali su moga Kolju i celu noć pili, i Andrej je rekao da će dati svojoj ćerki ime Mariša, i Mariša je bila neprijatno žacnuta zbog te časti. Ali šta da se radi, nije mogla da mu zabrani, i ulizica Andrej nazvao je svoju ćerku Mariša. Ali na tome su se i praznik i porodična romantika završili, i Andrej je, po svoj prilici, na duže vreme zapustio svoje bračne obaveze, a Anjuta je, naprotiv, osetila svoju običnost, postala žena kao i sve druge, bez napada, i u vezi s tim počela da poziva tokom porodiljskog odsustva koje je trajalo godinu dana stalno nove i nove prijatelje, i tada je Andrej u svojstvu cinkaroša otišao na plovidbu, a vrativši se, našao u svojoj kući čitav roj poznanika, očigledno privučenih samačkim stanjem Anjutine ranije otrovne materice. Andrej je našao novu romantiku u svom položaju ostavljenog muža, počeo je romantično da dovodi kod Serža i Mariše odabrane devojke, a Lenka Marčukajte sedala mu je bezobzirno u krilo, i time je tobože udarala pečat na njegove već istrošene polne organe koji su odigrali svoju ulogu. Tako se ona šalila i sprdala na njegov račun.

Jednom je sela u krilo i mome Kolji, mršavi i dobroćudni Kolja bio je bukvalno zgnječen Lenkinom težinom i fizički i moralno, on nije očekivao takav obrt događaja i samo je držao ruke dalje od nje i bacao poglede na Marišu, ali Mariša se naglo okrenula i zapodenula razgovor sa Žorom, i to je bio trenutak kad sam ja počela nešto da shvatam. U tom trenutku počela sam da shvatam da je Lenka preterala.

– Leno, preterala si. Mariša je ljubomorna na tebe.

Lena je, pak, bezbrižno napravila grimasu i ostala da sedi na Kolji koji je potpuno uvenuo, kao iščupana stabljika. Mislim da je otada Mariša počela da se hladi prema Lenki, što je dovelo do Lenkinog postepenog nestanka, posebno nakon što je ona na kraju rodila mrtvo dete, ali to je već bilo kasnije. A u tom trenutku svi su se nekako prenaglašeno uzvrpoljili, Tanja se kucnula sa Seržom, Žora je sipao piće, i dao ga natovarenom Kolji i hladnoj Mariši, Andrej je galantno počeo da priča sa svojom glupačom Nađušom, koja je pobednički gledala u mene, ženu prignječenog muža.

Lenka Marčukajte nije se međutim nikad usuđivala da sedne u krilo Žori, to nije bilo bezopasno, pošto je Žora kao i svi mali muškarci pokazivao stalnu seksualnu uzbuđenost i voleo je sve – Marišu, Tanju, čak i Lenku. Lenka, koja je inače bila jedno potpuno hladno stvorenje, rizikovala je da izazove kod Žore pokušaj silovanja pred svima, kao što je to već bilo jednom sa nekom Andrjušinom damom koja se u plesu sa Žorom pravila strašno temperamentna, a sa Žorom se to nije smelo činiti, i on je, kada se završila muzika, bukvalno uhvatio svoju krupnu damu ispod pazuha i kao sumanut povukao je u susednu sobu, a u susednoj sobi, to se dobro znalo, te noći nije niko spavao, Marišina i Seržova ćerka bila je kod bake. Žora je uspeo da obori obnevidelu damu na mali Sonječkin krevet, ali došli su Serz i Andrej, spontano se smejući, i odvukli Žoru, i prestrašena dama namestila je haljinu koja joj se tokom borbe bila podigla. Događaj je izazvao ludački smeh koji nije prestajao do jutra, u stvari, svi su osim nepoznate dame znali da je to igra, da Žora još od studentskih dana izigrava bonvivana i razvratnika, a u stvari noćima piše magistarski rad za svoju ženu i ustaje zbog svoje troje dece, i samo petkom oblači lavlju kožu i udvara se damama dok traje noć.

Ali oprezna Lenka Marčukajte, koja je s velikom hladnokrvnošću takođe igrala seksualne igre, nije se usuđivala da izazove kod Žore njegovu uobičajenu ulogu, to bi već bilo previše, dve predstave, to je obavezivalo na neki završetak: Lenka će sesti, Žora će momentalno početi da je pipa, i tako dalje, a Lenka to nije volela, kao što u suštini nije to voleo ni Žora. Uostalom, Lenka Marčukajte bila je i prošla, onako kako je to želela Mariša, bila je i nestala, i kad je se prisećam naglas i pred svima, to zvuči kao još jedna od mojih netaktičnosti.

* * *

Sve mi se nekako pomešalo u pamćenju u vezi s događajima u mom životu, a konkretno u vezi sa tim što sam počela da slepim. Da li je prošlo deset godina u tim okupljanjima petkom, da li petnaest, odigrali su se češki, poljski, kineski, rumunski ili jugoslovenski događaji, prošli su ti i ti procesi, zatim procesi nad onima koji su protestovali zbog rezultata onih prvih procesa, zatim procesi nad onima koji su skupljali novac za porodice zatvorenih u logore – sve je to proletelo pored. Ponekad su uletale slučajne ptice iz drugih susednih grana ljudske delatnosti, svojevremeno se bio navadio da dolazi petkom rajonski milicionar Valera, čovek koji je znao džudo, ohol i tvrdoglav. Vrata od stana petkom nisu zaključavana, pravo sa trotoara – tri stepenice i vrata; on je došao prvi put i zatražio od svih dokumenta zbog žalbe stanara suprotne zgrade u ulici Stuline – na galamu posle jedanaest sati uveče i sve do pet ujutro. Valera je temeljito proverio svima dokumente, tačnije, proverio je njihovo postojanje, pošto se ispostavilo da nijedan od momaka nije imao pasoš. Devojkama nije ni proveravao, što je kasnije navelo na pretpostavku da je Valera nekoga tražio, celu sledeću nedelju svi su se živahno i nervozno zvali telefonom, svi su bili užasno zbunjeni i uplašeni. Zaista, u našu mirnu zajednicu, u kojoj je buku pravio jedino kasetofon, uvukla se neka opasnost, mi smo se našli u centru događaja zbog Valere i provere dokumenata. Do sledećeg petka svi su već sa sigurnošću pretpostavljali da Valera traži američkog Rusa Ljovku koji već godinu dana živi sa isteklom vizom, potucajući se po privatnim stanovima i jazbinama, i to ne radi iz želje da se ne vrati u Ameriku, nego je jednostavno prekoračio rok, a kad su mu rekli da za to po našim zakonima sleduje zatvor, počeo je da se skriva i svi su ga dočekivali sa galamom i smehom, a kod Mariše ga nijednom nisam videla, međutim, kod Marišinih komšija, sumnjivog društva koje se sastojalo od dve večite studentkinje bez stalnog boravka u Moskvi i njihovih raznolikih sustanara, Ljovka-Amerikanac spavao je ponekad na podu i jednom je slučajno, kako su pričale studentkinje, došavši po rublju, razdevičio ćerku ministra, Ninku sa druge godine žurnalistike, tako da se Ninka probudila sva u krvi i krenula u panici sa madracem u kuhinju da ga pere, pošto u stanu nije bilo kade. Ljovki se izgubio svaki trag, a Nina nije imala pritužbe i posle toga se, kažu, potucala po svim rupama u potrazi za Ljovkom, kojem je, u skladu s ruskim predstavama, dala sve. Otada, kažu, Ljovka nije noćivao u ulici Stuline, tako da je Valera dolazio uzalud.

Međutim, Valera je opet došao u jedanaest i pet, došao je da isključi kasetofon, kasetofon smo isključili i sedeli smo i pili u tišini, i Valera je sedeo sa nejasnim namerama, možda je želeo da ipak dočeka Ljovku, ili samo da rastera naše bezazleno društvo, i jednostavno je sedeo i nije odlazio. Mariša, koja je vatreno ubeđivala sve da su svi ljudi zanimljivi, kod nje su stalno noćivali nekakvi pokupljeni sa stanice, mesec dana joj je stanovala tu žena sa jednogodišnjom paralizovanom ćerkom, koja je došla u Institut za pedijatriju na konsultaciju bez prava hospitalizacije – Mariša je prva našla ključ i počela da se ponaša tako kao da je Valera – nesrećan i usamljen čovek, a u toj kući nikom nepoznatom nije uskraćivan prijem, samo se malo ko odlučivao da se nameće. Mariša, a za njom i Serž počeli su strastveno da raspravljaju sa Valerom razne teme, dali mu čašu suvog vina, primakli mu crni hleb i sir, jedino što se nalazilo na stolu, i Valera nije izbegao nijedno pitanje i nijednom nije osetio povredu samoljublja. Tako ga je, na primer, Serž upitao:

– A jesi li ti zbog boravka stupio u miliciju?

– Imam ja boravak odranije – odgovorio je Valera.

– Pa što onda služiš u miliciji?

– Ovo je težak rajon – odgovorio je Valera – ja znam džudo, džudista sam, ali zbog povrede ramena nisam

dobio drugu kategoriju, još u vojsci. U džudou, ako te smotaju, onda treba uputiti zvučni signal.
– Kakav zvučni signal? – upitala sam ja.
– Pa makar, izvinite na izrazu, kašljucnuti ili prdnuti, da vam ne slome ruku.
Odmah sam ga upitala kako čovek može da prdne po narudžbi.
Valera je odgovorio da on nije stigao da uputi zvučni signal i da su mu izvukli ruku iz ramenog zgloba, a inače on ima čistu treću kategoriju. Zatim je u jednom dahu izložio svoja gledišta na trenutni poredak stvari i na to kako će se uskoro sve promeniti i sve će biti kao za vreme Staljina, a za vreme Staljina – tad je bio red.

Ukratko, celo veče prošlo nam je u sociološkim istraživanjima Valerine ličnosti, i na kraju, ili je on bio snalažljiviji, ili je naša zajednička uloga bila pasivna, ali umesto uobičajenog anketiranja, kao što se to već ne jednom dešavalo kod nas sa slučajnim posetiocima poput prostitutki, koje je Andrej dovodio, ili s onima koji bi se privučeni muzikom zaustavili ispod prozora u ulici Stuline i zapodenuli s nama razgovor preko simsa i na kraju ulazili u sobu istim putem i zatim morali da odgovaraju na čitav niz pitanja – ovaj put se stvar okrenula naopačke i Valera nas je, ne dotičući se konkretno svojih službenih dužnosti, čitav sat glasno poducavao kako je bilo za vreme Staljina i niko mu nije posebno protivrečio, svi su se očigledno plašili provokacije, plašili su se da iznesu svoje poglede predstavniku vlasti, a i inače kod nas nije uobičajeno iznositi svoje poglede, to bi bila detinjarija, urlati o svojim pogledima, pogotovo pred idiotom Valerom, nepoznatim, nejasnim, sa neizvesnim namerama, koji je došao i sedeo za sirotinjskim okruglim stolom u Marišinoj i Seržovoj sirotinjskoj sobi.

U dvanaest su svi kao popljuvani ustali i krenuli, ali ne i Valera. On ili nije imao gde da provede noć dežurstva, ili je imao precizan zadatak, ali sedeo je kod Mariše i Serža do jutra, i Serž je izjavio, i to je kasnije preko

Mariše bilo prosleđeno masama telefonom, da je Valera najzanimljiviji čovek kojeg je on sreo u poslednje četiri godine, ali to je za njega bila samo zaštitna formulacija, ništa više od toga. Serž je potpuno preuzeo na sebe Valeru, pošto je Mariša otišla da spava na podu u Sonječkinoj sobi, a Serž je ostao, kao muškarac, i pio s Valerom čaj od kantariona, ceo čajnik diuretika, pri čemu Valera nijednom nije išao u toalet, i otišao je tek kada se završilo njegovo dežurstvo u rajonu. On, očigledno, nije želeo da napusti svoju osmatračicu ni na sekund i ostvario je podvig u zadržavanju mokraće. S druge strane, Serž isto tako nije izlazio, plašeći se pretresa u svom odsustvu.

Bilo kako bilo, taj petak bio je dan mučenja, i svi smo se osećali kao u tuđoj koži. Ni Lenka Marčukajte nije nijednom sela nikome u krilo, pogotovo ne Valeri, ni Žora nijednom nije viknuo kroz prozor učenicama u prolazu „device", samo sam ja stalno pitala kako to džudisti nauče da prde, snagom volje ili uz pomoć posebne ishrane. Ta tema bila mi je dovoljna za celo veče, pošto je jedino što je Valera izbegavao – bila upravo ta tema. Nekako se mrštio, izbegavao temu, nijednom više nije izgovorio reč „prdnuti" i omrznuo me je, kao što svi čine, na prvi pogled i zauvek. Ali nije imao za šta da se zakači, ta reč, očigledno, ne stoji na neobjavljenom spisku onih reči za čije izgovaranje se ide u zatvor na petnaest dana, pogotovo što ju je Valera sam prvi izgovorio. I jedino sam se ja uključivala u onaj misaoni razgovor koji je uz pomoć provokativnih pitanja zapodenuo Serž, nadajući se da će se ipak uzdići na nivo podsmešljivog posmatrača životnih pojava, pri čemu je Valera mogao biti tretiran kao takva životna pojava, ali Valera nije nimalo mario za Seržova očinska pitanja, nego je bez dlake na jeziku govorio stvari opasne za njegov službeni položaj, o tome da u vojsci mnogo toga znaju i da se nećemo ni tu još dugo širiti i da će doći gazda.

– Ali ipak – upadala sam ja – da li to u vojsci uče kako se prdi? Ali vi niste naučili, koliko vidim, pošto niste uspeli da prdnete na vreme i niste dobili višu kategoriju.

– U vojsci su odlični momci, odličan tehnički kadar – nastavljao je Valera – u njihovim rukama je tehnika, sve je u njihovim rukama, iskusni momci, a imaju štošta i u glavi.

Serž ga je, pak, pitao, na primer, da li često mora da dežura noću i gde je dobio sobu. Mariša je svojim uobičajenim tonom punim dobronamernosti i učešća pitala da li je Valera oženjen i ima li decu. Tanja, naša valkira i lepotica, samo se tiho kikotala, i nagnuvši se nad čašu poluglasno komentarisala najblistavije Valerine replike, i sve vreme se obraćala Žori želeći da ga podrži u toj teškoj situaciji, kada je on, Polujevrejin, ali čisti Jevrejin po izgledu, pokazao Valeri pasoš, jedino je on imao pasoš tada, koji je Valera pročitao naglas: Georgij Aleksandrovič Perevoščikov, Rus!

Da, prilikom te svoje druge posete Valera je ponovo tražio pasoše i ponovo je proverio Seržov pasoš i opet nije dobio pasoše ni od Andreja, ni od mog Kolje, niti od slučajno zalutalog na ovu opasnu sedeljku hrišćanina Zilbermana, koji se jezivo uplašio i pokazao umesto pasoša svoju staru studentsku legitimaciju, na koju je večito dobijao vozne karte sa popustom. Valera je oduzeo Zilbermanu legitimaciju, jednostavno ju je stavio u džep i Zilberman je utekao, glasno upitavši gde je toalet. Valera, iako je u početku pretio da će odvesti Zilbermana radi utvrđivanja identiteta, nije učinio ništa, a mi smo svi stajali i brinuli za jadnog Zilbermana koji će se sada plašiti i drhtati, i njegovom uobičajenom položaju sada će biti dodat još i položaj čoveka koji se nalazi na udici. Ali, očigledno, Valeri nije bio potreban Zilberman.

Mene je zanimalo kako će se ponašati cinkaroš Andrej, ali Andrej se takođe ponašao oprezno i suzdržano. Čim je bio isključen kasetofon, Andrej je izgubio mogućnost da pleše sa kim je hteo, a plesao je hirovito, ponakad nije uopšte plesao, a njegova žena Nađa, koja se bez obzira na svoj izgled iskvarene šiparice zapustila do krajnjih granica, sedela je za to vreme kao kip i bila silno ljubomorna, dakle, Andrej je seo sa svojom Nađom. A Nađin otac bio je pukovnik sa perspektivom i sve što je pričao Valera kao niži kadar, Nađa je primala isključivo kroz prizmu toga što je na Seržovo pitanje, a koji mu je ipak dodeljen čin, Valera odgovorio da bi mnogi hteli da mu ništa nisu dodelili, ali njemu su dodelili odmah čin poručnika. Nađa se odmah opustila, jedina od svih nas, počela da korača gore-dole, povukla Andreja da telefoniraju nekoj Iročki, a zatim ga je i iz kuće odvela, a Valera na to nije uopšte odreagovao. Moguće je da bi on ostao i da smo svi mi otišli, ovde je bila njegova „kota", a možda i nije.

Ja i Kolja nismo se ovaj put istrošili na taksi, nego smo posle metroa uhvatili autobus i stigli kući kao ljudi, i otkrili da Aljoška ne spava u pola dva noću, nego sedi obeznanjen ispred televizora, čiji ekran ne pokazuje ništa. To je bio naš prvi noćni povratak sa petka – ne jutarnji – i videli smo da Aljoška na svoj način takođe slavi tu noć, a on je kad sam ga stavljala u krevet, rekao da se plaši da spava sam i da gasi svetlo. Svetlo je zaista gorelo svuda, a ranije se Aljoška nije plašio, ali ranije je sa njim bio deda, a deda, moj otac, umro je nedavno, a majka mi je umrla tri meseca pre toga, tokom jedne zime izgubila sam roditelje, pri tome majka je umrla od one bolesti bubrega koja se odnedavno nazire i kod mene i koja počinje slepilom. Bilo kako bilo, ja sam otkrila da se Aljoša plaši da spava kad nikoga nema kod kuće. Očigledno su mu dolazile seni babe i dede, moji roditelji vaspitavali su ga, tetošili i, uopšte uzev, podizali, a sada Aljoška ostaje sasvim sam, ako uzmemo u obzir da ću i ja uskoro morati da umrem, a moj dobri, pred ljudima povučeni, Kolja, koji se kod kuće dosađivao ili počinjao nepristojno da urla na Aljošku kad je Aljoška jeo zajedno s nama – Kolja je očigledno nameravao da ode od mene, pri čemu je nameravao da ode ni kod kog drugog nego kod Mariše.

Već sam govorila o tome da su iznad našeg mirnog gnezda u kojem smo se sastajali petkom proletele mnoge godine, Andrej je od zlatokosog mladog Parisa stigao da postane otac, ostavljeni muž, cinkaroš na ekspedicionom brodu, ponovo zakoniti muž i vlasnik lepog privatnog stana, koji je pukovnik kupio za Nađušu, i najzad alkoholičar; on je još uvek voleo jedino Marišu, celog svog života, počev od studentskih godina, i Mariša je to znala i cenila, a sve druge dame na njegovom životnom putu bile su samo zamena. I krunska tačka Andrejevog programa bili su plesovi sa Marišom, jedan-dva sveta plesa u godini.

Žora je takođe od bestidnika-studenta izrastao u skromnog, siromašnog starijeg naučnog saradnika u najjeftinijoj košulji i pantalonama tamnosive boje, oca troje dece, svojevrsnog budućeg akademika i laureata bez pretenzija, ali u njemu je uvek bila i u samom središtu njegovog bića čučala je jedna stvar: ljubav prema Mariši, koja je uvek volela samo Serža i nikoga više.

Zatim, moj Kolja je takođe bogotvorio i voleo Marišu, svi oni su u pogledu Mariše još na prvoj godini fakulteta bili kao pušteni sa lanca, i ta igra je trajala do danas, dok nije došla do toga da je Serž, koji je dobio prelepu Marišu, živeo tako s njom, živeo i neočekivano našao sebi voljenu ženu, još iz školske klupe, i jednom za Novu godinu kada su se svi napili i igrali šarade, on je rekao: „Idem da nazovem voljenu ženu" – i svi su bili kao gromom pogođeni, jer ako su muškarci voleli Marišu i smatrali Serža za jedinog čoveka, sve mi smo volele Marišu i Serža pre svega, o Seržu su svi pričali, iako je on sam govorio malo, to ga je Mariša tako uzdigla, ona ga je volela privrženički, kao sledbenica, osećala strahopoštovanje za svaku njegovu reč ili pokret, zbog toga što je svojevremeno, još na prvoj godini, kada ju je Serž zavoleo zajedno s ostalima i nudio joj brak i spavao sa njom, ona otišla od njega, iznajmila sobu sa nekim Žanom, prepustila se erotskom nagonu, odustala od prve i čiste Seržove ljubavi, a onda ju je Žan ostavio, i ona je sama, svojom voljom došla Seržu, sada već za sva vremena odustavši od ideje o erotskoj ljubavi sa strane, sama mu je ponudila brak, venčali su se, i Mariši bi ponekad u uzvišenom zanosu izletelo kako je Serž – kristalna čaša. Ja bih joj sada rekla da ne spava sa kristalnom čašom, to ionako ne može da uspe, a ako uspe, onda se posečeš. Ali tada smo svi mi živeli za izlete, vatre, pili suvo vino, puno ironizirali povodom svega i nismo doticali sferu pola, pošto smo bili isuviše mladi i nismo znali šta nas čeka u budušnosti; od sfere pola, celu ekipu brinulo je jedino to što sam ja imala beli kupaći kostim kroz koji se sve videlo, i svi su se rado sprdali na moj račun; to se dešavalo kad smo kampovali negde na obali mora, i sfera pola pomaljala se i u tome što se Žora žalio kako nema toaleta i da u moru izmet nikako neće da otpliva. Pored toga, isti taj Žora vikao je za turistkinjama da im je potreban dobar ginekolog za abortuse, a Andrej je romantično odlazio na igranke u šest kilometara udaljen grad Simeiz kod tuberkuloznih devojaka, a Serž se uporno bavio podvodnim ribolovom i tako dokazivao svoju muževnost, a ja sam noću slušala kako iz njihovog šatora dopire ujednačeno kuckanje, ali Mariša je celog života bila nemirno biće sa vatrom u očima, i to nije govorilo ništa dobro o Seržovim sposobnostima, a momci su budno motrili na Marišu i, činilo se, želeli da kolektivno popune prazninu, ali nisu mogli da dopru do nje. U suštini, ta seksualna vatra koja je proždirala Marišu, sveštenicu ljubavi, u spoju s njenom nedostižnošću, omogućavala je društvu da se tako dugo održi na okupu, pošto je tuđa ljubav zarazna, to je već provereno. Mi, devojke, volele smo Serža, a pored toga volele smo i Marišu, preživljavale njene patnje i isto kao i ona mučile se, ali na svoj način – s jedne strane, volele smo Serža i sanjale o tome da zamenimo Marišu, s druge strane, nismo mogle to da uradimo iz saosećanja prema Mariši, zbog ljubavi i sažaljenja prema njoj. Ukratko, sve je bilo puno nedeljive ljubavi Mariše i Serža, neostvarivosti njihove ljubavi i na to su svi padali, a Serž, koji je jedini imao sva prava, izvoljevao je. Jednom je taj čir pukao, iako ne sasvim, kada se usred bezazlenih seksualnih razgovora za stolom – to su bili razgovori čistih ljudi, koji su zbog toga što su bili čisti, bili u stanju da pričaju o bilo čemu – kad se povela reč o knjizi poljskog autora „Seksopatologija". To je bilo nešto novo za celo naše društvo, u kojem je do tada svako živeo tako kao da je njegov slučaj jedinstven, takav da se ne može niti samostalno rešiti, niti pokazati drugome. Novi talas prosvećenosti ipak je dotakao i naše društvo i ja sam rekla:

– Pričali su mi o knjizi „Seksopatologija", i tamo se polni čin deli na stadijume, supruzi uzbuđuju jedno drugo, Serž, ispostavlja se da prvo treba gladiti ušnu resicu partnera. Ispostavlja se da je to erogena zona!

Svi su se ukočili, a Serž je odmah rekao da se on prema meni odnosi izrazito negativno, počeo je da štrca pljuvačku i viče, a meni je bilo sasvim svejedno, ja sam sedela kao kip, pogodivši u cilj.

Ali to je bilo još pre nego što je Serž u svojoj sopstvenoj ulici našao voljenu ženu iz detinjstva, sreo svoju mladalačku erotsku fantaziju, sada punačku brinetu, kako su nas izvestila neka upućena lica, i pre nego što je u stan u ulici Stuline počeo redovno da dolazi milicionar Valera i da se tako bori za tišinu posle jedanaest sati pa sve do sedam ujutro, i isto tako to se desilo pre nego što sam ja počela primećivati da slepim, i pogotovo pre nego što sam ustanovila da je Mariša ljubomorna na Kolju zbog Lenke Marčukajte.

Dakle, za tren oka razvezali su se svi čvorovi: Serž je prestao da spava kod kuće, otpale su sve sedeljke u petak i počele iste takve na manje opasnom mestu, u sobi valkire Tanje, mada uz učešće njenog sina tinejdžera, koji je bio ljubomoran bukvalno na svakoga zbog svoje majke. Kasnije su tinejdžera izolovali, šaljući ga petkom zajedno s devojčicom Sonječkom u ulicu Stuline, povodom čega sam ja primetila da je za decu korisno da spavaju zajedno, ali na mene, kao i obično, niko nije obratio pažnju, a govorila sam istinu.

I uopšte, naišao je neki talas burnog života u razmacima između petaka: poginuo je Marišin otac, koji ju je jednom prilikom posetio u ulici Stuline i u istoj toj ulici, iste večeri, pao pod kola izvan prelaza, a uz to, kako je pokazala obdukcija, i u pijanom stanju, pošto je pre polaska kući puno pio sa Seržom. Sve se ispreplelo u tom strašnom nesrećnom slučaju, to što je Marišin otac hteo da popriča sa Seržom kao muškarac s muškarcem, zbog čega on ostavlja Marišu, i to što se taj razgovor dešavao uveče, kada Sonječka još nije spavala, a Mariša i Serž krili su od Sonječke to da Serž ne spava kod kuće, Serž je nežno smeštao Sonječku u krevet, i tek onda odlazio drugoj, a ujutro se ionako Sonja uvek budila za školu kada je Serž već bio na putu za posao, a posle posla, od šest do devet, Serž je dežurao sa ćerkom, bavio se muzikom sa njom, smišljao s njom bajke, i upravo u taj udvorički razmak ugnezdio se potišteni Marišin otac, koji je uzgred i sam odavno živeo s drugom porodicom, imao veliko tužno iskustvo i novog sina od dvadeset godina. Marišin otac napio se, uzaludno napričao ko zna šta i uzaludno poginuo ispod kola, odmah kraj praga ćerkine zgrade, u toj istoj ulici Stuline, u tihi večernji čas, u pola deset.

U istom tom periodu tiho se ugasila moja majka, istopila se sa osamdeset kilograma na dvadeset sedam, ali umirala je hrabro, bodrila je sve oko sebe, i mene takođe, i lekari su pred sam kraj rešili da pronađu u njoj nepostojeće gnojno žarište, otvorili je, slučajno prišili crevo za trbušnu opnu i ostavili je da umire sa nezarastajućom ranom veličine pesnice, i kad su je na ležaju izgurali pred nas onako umiruću, rasparanu i traljavo ušivenu do brade i sa tom rupom u stomaku, ja nisam mogla da shvatim šta se to sve može desiti čoveku, i počela sam misliti da to nije moja mama, nego da je moja mama negde drugde. Kolja nije učestvovao u svim tim procedurama, mi smo bili faktički razdvojeni već otprilike pet godina, samo nismo platili za razvod, pomirivši se s tim da jednostavno stanujemo u istom stanu, kao muž i žena, ali bez pretenzija, i tako smo živeli zajedno, kao što i svi drugi žive, a onda je on odjednom platio za razvod i nakon sahrane ponudio mi sasvim hladnokrvno da i ja platim, i ja sam platila. Zatim je umro moj patnjom već ubijeni otac, umro je od infarkta, lako i srećno, u snu, tako da sam ja noću, ustavši da pokrijem Aljošu ćebetom, čula kako tata ne diše. Vratila sam se u krevet, odležala do jutra, ispratila Aljošu u školu, a zatim tatu u bolničku mrtvačnicu.

Ali sve je to bilo između petaka i nekoliko petaka sam propustila, a mesec dana kasnije bio je Uskrs i ja sam pozvala sve da dođu ovamo, kao i svake godine, kod mene i Kolje. Jednom godišnje, na Uskrs, svi smo se okupljali kod mene i Kolje, ja sam zajedno sa mamom i tatom spremala puno jela, zatim bi mama i tata poveli Aljošku i uputili se na naš plac, udaljen sat i po vožnje, da spale opalo lišće, pospreme po kućici, i da nešto posade – pa bi tamo u kućici bez grejanja i prenoćili, pružajući mojim gostima mogućnost da svu noć jedu, piju i banče. I ovaj put sve je bilo isto, a da bi bilo isto, ja sam rekla Aljoški da on pođe sam na taj isti plac i prenoći tamo, drugog izlaza nije bilo, on je već bio veliki, imao je sedam godina, put je znao odlično, a još sam ga i upozorila da se ni u kom slučaju ne vraća i ne zvoni na vratima. I on je krenuo, usamljeni putnik, a baš smo tog jutra u nedelju bili na babinom i dedinom grobu, on je prvi put bio na groblju i donosio mi je vodu u kofi, posadili smo na grobovima tratinčice. On je od toga dana trebalo da započne novi život, na brzinu smo ručali hleba i salame, sira i čaja – od onoga što je bilo predviđeno za prazničnu trpezu, i Aljoša je bez predaha krenuo dalje na plac, a ja sam počela da pravim testo za pitu s kupusom, para sada više nisam imala. Pita s kupusom, pita s maminim slatkim, salata od krompira, jaja sa lukom, narendana cvekla sa majonezom, malo sira i salame – poždera će se već. I flaša votke. U suštini, ja nisam puno zarađivala, od Kolje se nije moglo ništa očekivati, on se gotovo sasvim preselio kod svojih roditelja, a u retkim trenucima poseta vikao je na Aljošu, zbog toga što ne jede kako treba, ne štuca kako treba, ne sedi kako treba i mrvi na pod i na kraju je urlao zbog toga što Aljoša stalno gleda televizor i izrašće u pitaj boga šta, ništa ne čita i ne crta. Ta bespomoćna dreka bila je posledica zavisti prema Sonječki, koja je pevala, komponovala muziku, išla u Gnjesinsku muzičku školu u koju se na jedno mesto prijavljuje trista kandidata, mnogo je čitala od druge godine života i sama pisala stihove i bajke. Kolja je, sve u svemu, voleo Aljošku, ali bi ga voleo daleko više da je dečak bio nadareniji i lepši, blistav u školi i jak u odnosima s drugovima. Onda bi ga voleo daleko više, a ovako je u njemu video sebe samog, i besneo, posebno je besneo dok je Aljoša jeo. Aljoša je imao loše zube, u sedmoj godini prednji mu još nisu bili izrasli kako treba, on još nije bio navikao na svoju usamljenost posle dede i babe i jeo je rasejano, velike komade i ne žvaćući, mrveći i kapljući na pantalone, stalno je sve prosipao i povrh svega još je počeo i da mokri u krevet. Kolja je, ja mislim, izleteo kao čep iz našeg porodičnog gnezda, da ne bi gledao sveg oblivenog mokraćom sina, kako na tankim nogama drhti u mokrim gaćama. Kada je Kolja, probudivši se od Aljoškinog plača, prvi put video, tu grozotu, tresnuo je Aljošu pravo po obrazu, i Aljoša se lako otkotrljao natrag na svoj mokri, kiseli krevet, ali nije puno plakao, pošto je čak osećao olakšanje, jer je, eto, dobio kaznu. Ja sam se samo osmehnula, izašla napolje i krenula na posao, ostavivši ih da se snalaze kako znaju. Tog dana imala sam ispitivanje očnog dna, kojim je ustanovljen početak nasledne bolesti od koje je umrla mama. Tačnije, lekarka nije kazala konačnu dijagnozu, ali prepisala mi je iste one, mamine kapi, i uputila me na iste analize. Sada je sve počinjalo kod mene, tako su stajale stvari, zar je meni moglo biti do toga što Aljoša mokri u krevet i što ga je Kolja udario? Preda mnom su se otvorili novi horizonti, neću reći kakvi, i počela sam da preduzimam odgovarajuće mere. Kolja je otišao, ja sam se vratila kući i nisam zatekla njegovu odeću, sve ostalo je velikodušno ostavio, treba mu odati priznanje, i tako je osvanuo Uskrs, ispekla sam pite, razmaknula sto, prekrila ga stolnjakom, postavila tanjire, čašice, salate, salamu i sir, hleb, čak je bilo i malo jabuka, poklonila mi ih je mamina drugarica, donela je kesu retkih u proleće jabuka i farbanih jaja, i ja sam odnela deo na groblje, namrvila pticama na daščicu, i ja i Aljoša takođe smo ručali. Sećam se da su unaokolo pored grobova stajali ljudi, živahno su razgovarali, pili na vazduhu, mezetili, kod nas se još zadržala ta tradicija uskršnjih piknika na grobljima, kad se čini da je sve na kraju ispalo dobro, vazduh je svež, ptice, niko nije zaboravljen i ništa nije zaboravljeno, i sa svima će tako biti, sve će proći i završiće se jednako mirno i uspešno sa papirnatim cvećem i fotografijama na keramici, ptičicama u vazduhu i farbanim jajima u samoj zemlji. Aljoša je, čini mi se, savladao svoj strah i sadio sa mnom mladice tratinčica sve hrabrije i hrabrije, zemlja je kod nas u Ljublinu čista i peskovita, roditelje sam spalila, samo su urne s prahom ležale u dubini, ništa strašno, sve je već za nama, i Aljoša je trčao i polivao, a onda smo otišli i oprali ruke i jeli jaja, hleb i jabuke, a ostatke smo poslagali i izmrvili, kao što su to radili na drugim susednim grobovima mnogobrojni posetioci. I dok smo putovali kući autobusom i metroom, svi su, iako pod gasom, bili nekako dobronamerni i druželjubivi, kao da su zavirili u zagrobni svet i ugledali tamo svež vazduh i plastično cveće i skupa nazdravili u to ime.

Tako da sam uveče tog dana, sama i slobodna, dočekala svoje pomalo zbunjene svakogodišnje goste, koji su došli svi do jednog, zato što Mariša nije mogla da ne dođe, ona je veoma hrabra žena i plemenitog je porekla, a ostali su došli zahvaljujući njoj, i Serž je bio tu, i moj sada već bivši muž Kolja sa istim takvim, kao kod Aljoše, uništenim zubima, Kolja je došao i uputio se u kuhinju da izvadi sve ono što su oni doneli, a doneli su već skuvan krompir sa mirođijom i krastavce, a takođe i puno vina, računajući na provod do jutra. A zašto i ne bi bančili, kad postoji prazan tuđi stan, a takođe i škakljiva okolnost, odnosno, kako ću ja primiti dolazak mojih upravo venčanih rođaka Kolje i Mariše, pošto su se oni tek juče registrovali, i tako je to bilo, i tu je bio i Serž, malo neotporniji nego obično prema piću, on i Žora odmah su otišli da tračare o svemu što se dešavalo, od Lenke Marčukajte već odavno nije bilo glasa, kažu da je nekud išla s grudima stegnutim toplom maramom, neko ju je video u metrou posle rođenja mrtvog deteta, nije se žalila, samo se požalila da joj je pošlo mleko. Dakle, Andrej-cinkaroš je pustio ploču, Nađa, njegova maloletnica, ponovo je počela da izigrava porodičnu ženu i ispričala mi koliku alimentaciju plaća Andrej i da je njemu beskorisno da piše disertaciju, ionako će sve otići na alimentaciju, a kada će to prestati? Kroz četrnaest godina, kad Nađa napuni trideset tri, i tek tada će ona moći da rodi svoje dete. Ušla je Tanja-valkira, zadovoljno blistajući zubima i očima, i ja sam je upitala da li su smestili na spavanje zajedno Sonječku i njenog sina, tako će im biti udobnije, a Tanja se na to kao i uvek tiho zakikotala, pokazavši još više svoje velike-prevelike zube, a Mariša se, naprotiv, za razliku od prošlih godina, razljutila kad sam je upitala:

– A šta oni tamo rade?

– Rade ono – odgovorila je zadovoljna Tanja.

– Tebi je lako, ti imaš sina, a Mariši je teže; Mariša da li si već naučila Sonječku kako da se čuva?

– Ne brini, naučila sam je – odgovorila je Mariša i pridružila se Tanjinom tihom kikotanju, iako sam ja, po svom običaju, rekla čistu istinu.

– A o čemu se radi? – upitala je Nađa kojoj se jedno oko spremalo da svakog časa iskoči iz ležišta.

– Nađa – pitala sam ja – da li je to istina da ti imaš jedno veštačko oko?

– Ona je uvek takva – rekla je razdragana Tanja jadnoj Nađi, a tu se umešao i Andrej-cinkaroš:

– Ja se prema tebi odnosim izrazito negativno! – izjavio je, setivši se Seržove formulacije, ali ja nisam obratila pažnju na Andreja-cinkaroša.

Iz kuhinje su došli Serž i Žora, već načeti, a moj Kolja se pojavio iz naše bivše spavaće sobe, ne znam šta je tamo mogao da radi.

– Kolja, da li si već odvojio sebi bolje čaršave? – upitala sam ga i shvatila da sam pogodila pravo u centar. Kolja je zaklimao glavom i zavrteo prstom pored slepočnice, i zbog toga tokom te svoje posete nije uzeo nijedan čaršav, sreća pa sam pronicljiva.

– Mariša, imaš li na čemu da spavaš s mojim mužem? Na kraju krajeva, deo posteljine dala si Seržu, to mi je jasno. A moji su svi čaršavi oštećeni pranjem, prošli put je Kolja prvi put u životu uzeo da pere posteljinu i bacio je u ključalu vodu i skuvao sve mrlje na njoj, sve belančevine, tako da se one sad ocrtavaju poput oblaka.

Na to su se svi nasmejali zajedničkim zadovoljnim smehom i seli za sto. Moja uloga bila je odigrana, u nastavku je odigrao svoju ulogu Serž, koji je mucavo, zamršeno i unjkavo počeo da raspravlja sa Žorom o opštoj teoriji polja izvesnog Rjabkina, pri čemu je žestoko napadao Rjabkina, a Žora ga je nadmeno-pokroviteljski branio, a onda se, tobože nerado, predao i složio, i iz Serža je prvi put provirio neuspešni, neostvareni naučnik, a utuljeni Žora prikazao se prvi put kao naučna zvezda u usponu, jer ništa tako dobro ne otkriva lični uspeh kao ton nadmenog pokroviteljstva prema kolegama.

– Kada ti, Žora, braniš doktorat? – upitala sam ga nasumice, a on je zagrizao i momentano odgovorio da je u utorak preliminarni razgovor s komisijom, a odbrana – kad stigne na red.

Svi su na trenutak ućutali, a zatim počeli da piju. Svi su pili do potpune obeznanjenosti. Andrej-cinkaroš počeo je odjednom da se žali na rajonski komitet koji im ne dozvoljava da imaju trosoban stan za dve osobe, a Nađin tata je postao general i luduje, zatrpava je poklonima, i auto je već dobila, i trosobni stan, samo da Nađa ne rađa, nego da upiše fakultet.

– A ja hoću da rodim – rekla je Nađa tvrdoglavo, ali niko nije podržao temu.

Ukratko, razgovor za stolom se nije uspostavio. Kolja i Mariša su tiho pričali, i ja sam znala da se dogovaraju o tome da on odmah uzme svoje preostale stvari i gde će staviti te stvari dok teče razmena Marišinog stana za garsonjeru za Serža i mali dvosobni stan, da bi Sonječka imala gde da nesmetano vežba sviranje na violini, a da Serž ima gde da živi sa brinetom, i da moj muž ima gde da živi s Marišom. A možda su se došaptavali o tome da je bolje da daju meni njihov dvosobni, a oni da se usele u moj trosobni i onda počnu sa zamenom.

– Mariša, da li ti se dopada u mom stanu? – upitala sam. – Možda da se vi ovamo uselite, a ja i Aljoša živećemo gde nam odredite? Meni i Aljoši ne treba puno, uzmite i stvari.

– Budala – rekao je Andrej glasno – prava pravcata budala! Mariša samo brine o tome da joj ništa ne uzme, budala!

– Ali zašto, uzmite! – rekla sam ja. Meni samoj ne treba puno, a Aljoša ionako ide u dom za decu, ja već radim na tome da ga smestim tamo. U gradu Borovsk.

– Baš svašta – reče Kolja.

– Hajdemo odavde, ne moramo da gledamo ovo pozorište... – rekao je Andrej-cinkaroš i čak je počeo odlučno da ustaje zajedno sa svojom Nađom, ali ostali se nisu pomerili, bilo im je stalo da dočekaju kraj suđenja.

– Pokušavam da ga smestim u dom za decu, evo ga anketni list – rekla sam ja i, ne ustajući, iza staklenih vrata police za knjige izvukla anketni list i popunjene obrasce.

Kolja je uzeo da ih pogleda i pocepao ih.

– Bezočne li budale – reče Andrej.

Ja sam se zavalila na stolici.

– Jedite, pijte, sad ću doneti pitu sa slatkim i sa kupusom.

– Dobro – rekao je Serž, i ponovo su počeli da piju, Andrej je pustio ploču, a Serž prišao svojoj tuđoj ženi Mariši i pozvao je da plešu. Mariša je pocrvenela i kako je prijatno bilo videti njen bojažljivi pogled upućen ka meni, iz nekog razloga baš ka meni. Eto, sad sam postala i merilo savesti, mrmljala sam ja stavljajući pitu s kupusom.

Tu se sve zavrtelo, ostvario se praznik njihove ljubavi, svi su složno urlali, pevali, kako im je samo bilo lepo: a Kolja, koji se našao isključen iz zbivanja, prišao mi je i upitao: A gde je Aljoša?

– Ne znam, šeta se – rekla sam ja.

– Ali već je jedan sat noći! – rekao je Kolja i pošao u predsoblje.

Ja ga nisam zadržavala, ali on nije počeo da se odeva, a putem je skrenuo u toalet i tamo utihnuo na duže vreme, a Mariši je u međuvremenu pozlilo, ona je preterala s pićem i nije smislila ništa bolje nego da se isturi kroz kuhinjski prozor i izbljuje cveklu pravo na zid od zgrade, kako se ispostavilo odmah sutradan po rečima tehničara-domara koji je došao da nas obavesti o tome.

Pite, opušci, razgrabljene salate, ogrisci i polovine jabuka, flaše pod divanom, Nađa koja je grčevito ridala, držeći se za oko, i Andrej, koji je držao na rukama Marišu i plesao s njom – to je bio onaj najčuveniji čin u godini koji su oni izvodili, nakon što je Mariša izručila jelovnik na moju zgradu, a Nađa je to videla prvi put u životu i toliko se uplašila da je mogla ostati bez oka.

Zatim se Andrej spremio i odlučno doveo u red Nađu, bližio se čas zatvaranja metroa, Serž i Žora su se složno oblačili, Kolja je izašao iz toaleta i, ne shvatajući sve to baš najbolje, legao na divan, ali Žora ga je podigao i poveo, iza njih je svečano koračala razdragana Tanja, i ja sam im najzad otvorila svima vrata, i svi oni su ugledali Aljošu koji je spavao sedeći na stepenicama.

Ja sam iskočila, podigla ga i divljački urlajući „Gde si dosad", udarila ga po licu, tako da je detetu potekla krv, i on je, ne probudivši se, počeo da se guši. Počela sam da ga udaram, ne gledajući, ali skočili su na mene, izvrnuli mi ruke, ugurali me kroz vrata i zalupili ih, i neko je još dugo držao vrata dok sam ja udarala o njih, i čuli su se nečiji jecaji i Nađin urlik:

– Ma ja ću je golim rikama! Gospode! Životinja!

I vikao je, silazeći niz stepenice, Kolja:

– Aljoška, Aljoška! Gotovo je! Uzimam te! Gotovo! Kod vražje majke, bilo kuda! Samo ne ovde! Kakvo đubre!

Ja sam stavila rezu na vrata. Moja računica bila je ispravna. Niko od njih nije mogao da podnese dečju krv, oni su mogli sasvim mirno da iseku jedni druge na komade, ali dete, deca su za njih svetinja.

Kradomice sam se uvukla u kuhinju i provirila kroz prozor, iznad napola obrisane Marišine bljuvotine. Nisam morala dugo da čekam. Celo društvo je isplivalo iz glavnog ulaza. Kolja je nosio Aljošu! To je bila trijumfalna opšta povorka. Svi su uzbuđeno o nečemu razgovarali i čekali nekog. Poslednji je izašao Andrej, što znači da je on držao vrata. Kad je on izašao, poslednji koji je štitio odstupnicu, Nađa mu je doviknula: „Oduzimanje starateljstva, nema druge!" Svi su bili poneseni. Mariša je nešto petljala s maramicom oko Aljoše. Pijani glasovi odjekivali su daleko po kraju. Čak su uhvatili i taksi! Kolja sa Aljošom i Mariša koja ih je pridržavala smestili su se na zadnjem sedištu, napred je seo Žora. Žora će, po svoj prilici, da plati, pomislila sam ja, kao i uvek, tako je, to je njemu usput, on ionako uvek ide taksijem. Dobro je, stići će nekako.

Tužbu neće podneti, to nisu takvi ljudi. Aljošku će da kriju od mene. Okružiće ga pažnjom. Najduže će Aljošku romantično voleti Andrej-cinkaroš i njegova bezdetna žena. Tanja će na leto voditi Aljošku na more. Kolja, koji je uzeo Aljošku u ruke, više nije onaj Kolja koji je udario sedmogodišnje dete celom šakom po licu samo zato što se ono pomokrilo. Mariša će takođe voleti i sažaljevati malog Aljošku sa trulim zubima koji ne pokazuje ni najmanju obdarenost za nešto. I u budućnosti bogati Žora će dobaciti nešto od svojih sredstava i mogućnosti i, ko zna, možda će zaposliti Aljošku u institutu. Serž je druga priča, on je hladan, ne naročito romantičan čovek, ciničan i nepoverljiv – ali on će završiti tako što će živeti s jedinim bićem koje zaista voli, sa Sonječkom, ludačka ljubav prema kojoj ga vodi život po uglovima, zakucima i mračnim podrumima, dok je ne postane svestan u potpunosti, i ne ostavi sve žene i ne počne da živi za jednu-jedinu, onu koju je sam izrodio. Takve stvari dešavale su se i dešavaju se. E, to će biti začkoljica i zadatak za moju malu gomilu prijatelja, ali to neće biti skoro, tek kroz osam godina, a Aljoša će za to vreme steći snagu, pamet i sve što treba. Ja sam, pak, rešila njegovu sudbinu vrlo jeftino. U protivnom, on bi posle moje smrti krenuo po internatima i bio bi nerado primani gost i u kući svog rođenog oca. Ali ja mu, jednostavno, poslavši ga na plac, nisam dala ključ od kućice, i on je bio prinuđen da se vrati, a da kuca na vrata zabranila sam mu, dotad sam ga već bila naučila da poštuje zabrane. I tako je ta jeftino postignuta scena sa batinjanjem male dece, dala podstrek dugoj novoj romantičnoj tradiciji u životu mog sirotog Aljoše, s njegovim plemenitim novim počinom i pomajkom, koji će svoje interese zaboraviti, a njegove štititi. Tako sam to predvidela i tako će i biti. I još je dobro to što će cela ta grupna porodica živeti kod Aljoše u stanu, u njegovoj kući, a ne on kod njih, to je isto odlično, pošto ću se ja vrlo brzo uputiti stazom predaka. Aljoša će mi, verujem, dolaziti na prvi dan Uskrsa, tako sam se u mislima dogovorila s njim, pokazala mu put i dan, mislim da će shvatiti, on je veoma bistar dečak, i tamo, među farbanim jajima, među plastičnim cvećem i zgužvanom, pijanom i dobroćudnom gomilom, on će mi oprostiti što mu nisam dala da se pozdravi sa mnom, nego sam ga udarila po licu umesto blagoslova. Ali tako je bolje – za sve. Ja sam pametna – ja znam.

TRIDESET GODINA

U našem stanu tokom trideset godina, odnosno od onog trenutka kad sam se ja pojavila na svetu, bez promena žive tri žene: ja, Marina i Galja. Marina sada ima četrdeset pet godina, Galja pedeset osam, ja, kao što sam rekla, imam trideset. Tokom tih trideset godina u našem stanu pojavljivali su se i umirali ili odlazili da žive negde drugde mušakrci: moj otac, Marinin otac i zatim muž i Galjin muž i sin.

Naš stan bio je sagrađen baš pre trideset godina, pred rat, kao stan u zgradi za vojna lica, kao stan najviše kategorije, s kvadratnim sobama, od kojih se dve, moja i Galjina nalaze uz uličnu fasadu zgrade i gledaju na potpuno istu zgradu sa stubovima na suprotnoj strani ulice, a Marinina soba i kuhinja na skver, sada već prilično star i razgranat. Leti moju i Galjinu sobu od tri sata popodne obasjava neizdrživo sunce, zbog toga se naše sobe zovu sobe koje izlaze na sunčanu stranu, što se nekad cenilo, a sada se ja i Galja bukvalno gušimo od smrada, koji dopire odozdo s prometne ulice, i od vrućine i svetlosti. Ali Galja leti uvek odlazi u vikendicu, i ja ostajem sama u stanu, zato što i Marina takođe putuje na mesec dana na odmor. Marinina, pak, soba, koja je nekad smatrana nezanimljivom zbog toga što gleda na sever, sada se u našem stanu u letnjim mesecima smatra pravim rajem, i Marina, verovatno, spava s otvorenim prozorom, što ja i Galja, doduše, ne vidimo, zato što nikad ne boravimo u Marininoj sobi, posebno u poslednjih sedam godina, iako ona ponekad navraća kod nas.

Poslednjih sedam godina, istina, bile su provera i za sve nas, ali samo je Marinin razum malko postradao i, bez obzira na to što ona o tome nikada nikome nije govorila, ja i Galja uvek smo sve znale. Marina je uvek bila zatvorena osoba i nije puno razgovarala sa nama, razgovarala je samo ponekad s mojom majkom, koja je zaista bila anđeo u ljudskom telu. Ipak smo ja i Galja ponekad kroz zatvorena vrata Marinine sobe čule šta se tamo dešava, i znale smo da Marina viče na svoju majku, viče da će ubiti i nju i sebe, iako krotkije i prostodušnije stvorenje od Marinine majke ja nisam videla tokom celog svog života. Istina, ja sam malo šta i malo koga videla, ja radim uglavnom kod kuće i, naročito sada, skoro nikoga ne srećem, iako ponekad dozvoljavam sebi da pozovem goste, ali to je poseban vid druženja i ne računa se, i uostalom ljudska krotkost ne pojavljuje se za vreme boravka u gostima, pogotovo što su i moji gosti posebne vrste, pre bi se reklo razuzdani i neumereni ljudi. A Marinina majka, do dana današnjeg, mnogo godina posle njene smrti, ostaje za mene obrazac prostodušnosti i krotkosti. Ona nikada ništa nije skrivila, nije bila sposobna da nešto zadrži u svom prostodušnom mozgu; možda ona čak nije ni pomišljala na to kakvu štetu i sramotu nanose njenoj kćeri sve te priče o životu iza zatvorenih vrata Marinine sobe. Mislim da Marinina majka nije uzimala u obzir jednu okolnost: ono što je ona pričala o Marini, pričala je s jednim osećanjem, osećanjem posedovanja, pripadnosti Marine njoj, i prihvatajući kao nešto što se samo po sebi podrazumeva da je Marina, u celini, u osnovi, veoma dobra osoba, draga i voljena, a svi ti njeni postupci koji izazivaju nedoumicu, mogu se protumačiti nekakvim spoljašnjim nadražajima, na primer, time što Marina posle boravka na frontu, posle ranjavanja, ne može da ima decu, i ona sebe oseća kao oštećenu i priprema se za to da će je muž ostaviti. To je bila stalna pesma Marinine majke, objašnjenje svega, koje nam je svima dosadilo, ali da je sama Marina jednom čula to objašnjenje, koje je možda bilo netačno, ona bi nešto zaista uradila sa sobom i sa svojom majkom, što se na kraju i desilo. Ja često razmišljam o tome kako je Marina bila bespomoćna pred prostodušnošću svoje majke i pred njenom prostodušnom samoodbranom i svim tim beskrajnim objašnjenjima razloga Marininog ponašanja. Starica je verovatno sve tumačila ispravno, ali donekle jednostrano, s obzirom na to da je iz lanca razloga Marininog ponašanja isključivala sebe, svoju ličnost i svoj uticaj na događaje. To nije bio posredan uticaj, nije bio uticaj koji čovek vrši na čoveka pričajući o njemu svuda i na taj način izazivajući u njemu osećanje bespomoćnosti, nezaštićenosti, kad on od potpuno stranih ljudi saznaje nekakve podatke o sebi, o svojim postupcima, o svojim nedostacima, navikama i rečima. Ne, toga nije bilo u našem stanu, zato što smo ja i Galja čutale, o mojoj majci sam već rekla da je ona anđeo u ljudskom telu, a Galjin sin, tada još prilično maloletan, dečak šest godina mlađi od mene, živeo je potpuno svoj život. Doduše, Marina nije mogla da ne vidi da se ja i Galja iz čista mira loše odnosimo prema njoj, iako je ona prilično ljubazna s nama u onim slučajevima kad dođe u priliku da priča o opštestambenim temama. Čak i moja majka, koja tako reći voli svakoga i zaista se dobro odnosi prema svim ljudima, čak je i ona pomalo na silu sa njom razgovarala, nekako uplašeno, ali to, naravno, niko nije mogao da primeti osim mene. Ali verovatno je i Marina to primećivala, pa čovek uvek snažno oseća odnos prema sebi, naročito ako je u dodiru s ljudima koji su iz nekog razloga voljeni, a Marina je volela moju majku i još uvek je voli, u to sam sigurna. A moja majka još uvek, kad dođe kod nas od moje tetke, razgovara s Marinom usiljeno ljubazno, iako zna o Marini sve i zna kako je teško Marina podnela smrt svoje majke.

Ali Marina je bila bespomoćna pred svojom majkom i zbog toga što se majka ipak mešala u njen bračni život sa Olegom, štiteći Marinu, tako da je Oleg, mora biti, dvostruko teško podnosio te svađe, a Marina ga je sažaljevala, kao svoje vlasništvo, nije nikome dozvoljavala da ga vređa i ništa dobro iz svega toga nije ispadalo. To je bio neki život sav odreda naopačke: ja dobro znam da je Marinina majka volela Olega i žalila ga, to je bilo posebno primetno kad je izgovarala svoje dugačke monologe u kuhinji. Ali u kuhinji, osuđujući Marinu, ona je u isto vreme sama za sebe znala da ona ima pravo da osuđuje Marinu, zbog toga što ionako u dubini duše ona ne dopušta ni pomisao da bi neko drugi osim nje mogao osuđivati Marinu, i zato se starica osećala pred Marinom pravednom i ispravnom i čak kao njena zaštitnica, zbog toga što je, eto, isticala kao razlog celokupnog Marininog ponašanja tu njenu nesreću za vreme frontovske operacije, i pravdala ju je time. Ali u sobi, pred Olegom, ona je branila Marinu naglas svim sredstvima, često nelogično, često nepravedno u odnosu prema Olegu, i čak s nekakvom posebnom, samo njoj svojstvenom zlopamtljivošću. A u dubini duše, naglas braneći Marinu, i svim silama, često nepravedno, zauzimajući se za njene interese, ona je bila kivna upravo na Marinu, shvatajući sebe kao borca za njene interese, koji za to ne dobija nikakvu zahvalnost.

Marina se jednostavno gubila, gubila se u tim situacijama toliko da je glasno ridala u svojoj sobi. I samo je Oleg ćutao, on je bio zaista prilično dobar čovek i ne treba se čuditi što je njegovo strpljenje na kraju puklo i on se poneo onako kako bi se poneo svaki čovek u takvoj situaciji, odnosno, jednostavno je počeo misliti na sebe, kako da se spase. I, sa njegovim odlaskom, u Marininoj sobi zaista je zavladala tišina.

Tome je prethodilo to što je Marina saznala da Oleg već duže vreme u fabrici ima ženu sa kojom je u vezi. Doduše, Marina je saznala za to onda kada je Oleg iznenada otišao iz kuće i ona ga je tražila na poslu i čak je otišla kod njega u fabriku i nekako ga tamo srela – možda ga je sačekala kod portirnice, pošto je u fabriku sigurno nisu pustili, tamo je trebalo unapred rezervisati propusnicu, a zar bi Marina, s njenim karakterom, tražila to od Olega. Mada je sve moguće, u to vreme Marina se potpuno srozala i mogla je da se sroza dotle da ga nazove u konstruktorski biro telefonom i traži od njega propusnicu. Ne zna se šta se tamo desilo, Marinina majka išla je okolo s čudnim izrazom lica, izgledala je kao da, zatvorivši usta, sve vreme jezikom opipava umnjak i taj posao potpuno je zaokuplja.

Zatim, u Marininom odsustvu, ona je dugo, skoro ceo dan, telefonirala i telefonirala, kako smo shvatili, sekretaru partijskog komiteta fabrike, njega nije bilo, i ona je provela skoro ceo dan u hodniku, ispod telefona, neumorno telefonirajući, i na kraju ga je dobila i zamolila ga za razgovor u vezi privatnih problema i dogovorila se da je on primi sutradan, i to čak bez propusnice, zato što se partijski komitet nalazi u istoj zgradi u kojoj i biblioteka, gde nije potrebna propusnica.

Ipak je prošlo prilično vremena posle tog razgovora, ne manje od dve nedelje. U Marininoj sobi bilo je tiho, Marina je išla na posao, starica je malo govorila s nama, a i Galja i ja trudile smo se da što pre odemo iz kuhinje. Ipak, jednom, dok je celo stanovništvo bilo na okupu, u nedelju, usred dana, iz nepoznatih razloga, došao je Oleg: da li je hteo da se vrati, ili je došao po stvari, ili je rešio da raspravi stvar. Ja sam začula snažnu lupu, korake nekoliko ljudi, brze korake, gotovo trk, zatim sam čula da su se otvorila ulazna vrata i na gleđosani pod stepenišnog odmorišta bukvalno je bačeno nešto teško, nalik na kofer s gvozdenim uglovima. Zatim je Marinina majka počela da viče na sav glas: „Daj to", onda je usledilo nekakvo komešanje, Marina je govorila kao uz osmeh: „Ali on ne želi!" i „on uopšte nema nameru, šta ti je!" Ali majka je vikala i kofer je udario gvozdenim uglovima o gleđosani pod i najzad je majka počela da viče: „Upomoć!".

To je bila užasna scena tokom koje je, čini mi se, Marina mešto uradila svojoj majci, pošto ja i Galja dugo nismo mogle da smirimo staricu koja je stajala iznad širom otvorenog kofera iz kojeg su sve prnje izletele na stepenište. Mi smo sve pokupile i uvele Marininu majku u stan, a Marine i Olega nije bilo na stepeništu, verovatno je Marina otišla prva, a Oleg, koji nije znao šta da radi i, jednostavno, čak ni kako da dobije svoje stvari, otišao je, ne želeći da ih kupi i sukobljava se sa staricom.

Posle tog slučaja starica nije, kako je trebalo očekivati, prestala da razgovara s Marinom, nego je Marina počela da se drži tako kao da joj je naneta teška uvreda. Ona nije želela da razgovara sa svojom majkom, nije je primećivala, a kofer je već sutradan nekud odnela. A Marinina majka istrajavala je u početku, a zatim nam je, ipak, ispričala da ju je Marina istukla i izvređala, ali i u tim njenim rečima osećalo se da ona, bez obzira na sve, jednako oseća Marinu kao svoju kći, deo sebe same i zato ima pravo da je osuđuje do mile volje, u dubini duše znajući da je, svejedno, Marina njena kći.

Marina nije razgovarala sa svojom majkom dugo, sve dok se majka nije razbolela. Tada je Marina počela da pokazuje čudesa kćerinske ljubavi, spremala je hranu za majku, donosila joj skupe konzerve. Ali majka je sve vreme bolovala, i Marina je od svoje sobe pravila pravi frižider, otvarajući širom prozor i smeštajući pored radijatora odevenu staricu, tako da su se vrata stalno otvarala od pritiska vetra, ja i Galja, proklinjući sve na svetu, samo što nismo obuvale valjenke, pošto je bio novembar. U decembru je starica umrla, to se desilo dve godine nakon slučaja sa Olegom.

Neko vreme nakon što smo mi iz stana, svi zajedno, sahranili Marininu majku, Marina je odjednom prestala da izlazi iz sobe. Baš tih dana ona je napunila četrdeset godina, i to se poklopilo sa tim što je prestala da izlazi iz sobe i nije prilazila telefonu, čak i kad bismo joj kucnuli nekoliko puta. Da bi nekud izašla – u prodavnicu, ili čak u toalet – Marina je, očigledno, čekala da mi odemo iz stana. To se baš poklopilo sa tim što Galja po čitave dane nije bila kod kuće – ona je ili radila, ili trčala u bolnicu kod muža, i ja se takođe još uvek nisam baš bila navikla da živim sama, svakodnevno sam odlazila u biblioteku da radim, a moja majka se za stalno preselila kod svoje sestre koju je trebalo negovati, ali ja sam imala osećaj da majka nije zbog toga otišla i odjavila se iz stana, u kojem je živela trideset godina, u kojem je odgajala mene, ratno dete. Majka je otišla zbog nečeg drugog, i za to postoji objašnjenje, ali ono je isuviše direktno i deluje neverovatno. Radi se o toma da je majka jednom došla s posla ranije, što nije trebalo da se desi, ali, iz nekog razloga pustili su je ranije kući, ne zna se zašto. Ukratko, majka je počela da otključava sobu u potpuno neprikladnom trenutku, ja sam joj viknula: „Nemoj da ulaziš još pet minuta", ona je odmah brzo otišla i vratila se tek u dvanaest sati noću, dok sam ja kao navijena trčala oko kuće, tražeći je. Ona mi nije ništa rekla, a ništa više i nije imalo da se kaže, zato što više nije bilo povoda, sve je nestalo, istopilo se, raspršilo se kao dim zbog jednog okretanja ključa u bravi u neprikladnom trenutku. Ne može se reći da ja to nisam teško podnela, ali po meni se nikad ne da zaključiti šta ja u nekom trenutku mislim, a i uveče sam odlazila u biblioteku, tako da se ja i majka gotovo nismo ni viđale. A onda je ona otišla da živi kod sestre u sto dvadeset kilometara udaljeno mesto, i pre toga mi je pokazala pismo, u kojem ju je sestra molila da dođe, zbog toga što se razbolela i čak nije mogla ni da hoda, a njena deca odavno su se razišla i ona nije želela da im bude na teretu. Pogotovo što je majka, to se, eto, poklopilo, otišla u penziju baš tih dana i čak nije stigla ni da posedi na miru kod kuće, iako sam ja počela da odlazim u biblioteku kao na posao. I tako ona nije ni stigla da se odmori, i otputovala je na brzinu, nakon što je spakovala svoje stvarčice i kupila kućni ogrtač sestri.

Tako da je Marina ostajala sama u stanu i mogla je slobodno da se šeta, niko je nije video. Mi čak nismo ni znale da li ona radi kao pre i šta jede, zbog toga što je ona sebi kuvala kašu i zatim je ta kaša stajala u loncu i plesnjivila, dok je Galja ne bi bacila i oprala lonac.

A Galja je po čitave večeri, došavši iz bolnice od muža, visila na telefonu i svako veče stizala da popriča sa desetinom rođaka. Nju su zvali čak i preko međugradske, naročito kad joj je preminuo muž, miran čovek, Andrej Petrovič, neka mu je laka zemlja. Ali Galja me je bukvalno ubijala svojim beskrajnim pričama preko telefona, ona je svima ponavljala jedno te isto, bez obzira na to što su svi sve znali, zbog toga što kod nas u stanu nije moglo da se prođe preko dana, i tek bi se uveče svi razišli, ali ni tada Galja nije odmarala, nego je odlazila do telefona i počinjala svima odreda da priča sve ispočetka.

Tih dana počela je i Marina da izlazi iz svoje sobe, ali ne jednostavno da normalno izlazi i ide u kuhinju ili negde drugde. Ona je tiho nestajala, tiho je pritvarala za sobom ulazna vrata, polako ih pritiskajući, dok se, uz snažan udarac, ne bi zatvorila naša nepopustljiva engleska brava, i svako veče to polagano pritiskanje, komešanje iza vrata i snažan udarac brave izazivali su kod mene želju da iskočim i zatvorim vrata onako kako treba. Ali Marina je, ipak, u nečemu imala i uspeha: Galja je čula kako je zvala ambulantu i pitala kad radi lekar. Posle toga Marina je potpuno nestala, njena vrata su bila zaključana, noću se nije vratila kući, ceo dan nije je bilo, ja nisam izlazila iz kuće, veoma pažljivo osluškivala sam sve šumove sa stepeništa, ali ona nije došla. Rano ujutro provele smo Galja i ja sat vremena na telefonu, pokušavajući da pronađemo Olega. Galja može da uradi bukvalno sve, ko bi znao kakve je sve profesore vukla kod svog Andreja Petroviča, šta sve nije prodavala, iznosila iz kuće, u kesama, da bi mogla svima da daje poklone i plaća honorare. Tako da smo na kraju nekako pronašle Olega, njegov rukovodilac pozvao ga je u svoju kancelariju i Oleg je odatle govorio s Galjom. On je bez kolebanja preuzeo na sebe celu stvar. U našem stanu pojavio se sutradan, otvorio svojim ključem Marininu sobu, nešto tamo radio, izašao sa zavežljajem u ruci, otišao u kupatilo, uzeo odatle peškir, sapun i Marininu četku, a Galja mu je otela stari peškir koji je izgledao sam bog zna kako i dala mu svoj, elegantni, donet iz Nemačke, gde je Andrej Petrovič služio posle rata. Mi smo upitale, u kojoj bolnici leži Marina i kada da joj nosimo paket, i Oleg je odgovorio da ne treba ništa nositi, on će se sam o svemu pobrinuti, a da ona leži u prvoj klinici. Zatim su počele da se javljaju Marinine kolege sa posla, mi smo odgovarali gde ona leži, a oni su uskoro zvali ponovo i govorili da nisu našli Marinu u prvoj klinici, iako su obišli sva odeljenja.

Ponovo smo nas dve počele da tražimo Olega, ali on nije želeo da govori iz kancelarije rukovodioca, nego je obećao da će nazvati uveče, i uveče nam je priznao da Marina leži u psihijatrijskoj bolnici, ali on nipošto ne bi želeo da neko to sazna, i da ona čak jedva izlazi da se vidi sa njim, kad joj on dođe u posetu.

Zatim se Marina vratila, počela je sama da prilazi telefonu i objašnjava kako je bila u sanatorijumu, i uskoro su prestali da je uznemiravaju u vezi s tim, pošto su, po svoj prilici, sve sami saznali.

A Galja se i dalje nije predavala i provodila je čitave večeri na telefonu i mi smo znali apsolutno sve njene poslove. Pored toga, u našoj kući ponovo se pojavio njen sin Arnold, koji je otišao od svoje žene-lepotice. Galja je to duboko proživljavala i vikala o tome preko telefona. Arno, veseli komunikativni momak, ispričao nam je kako su on i žena štedeli pare da kupe stan i odu od tašte, koja se nije baš lepo ponašala i dovodila je svoje goste u istu onu sobu gde su on i žena živeli iza zavese – „mi smo ovde, a oni su tamo". Ali na kraju su se odnosi između njega i žene pokvarili, i on je otišao od nje u onome u čemu je bio, zbog toga, i to je ono glavno, što njegova žena nije mogla da ima decu. U tom trenutku njegove priče, Marina je još uvek stajala kraj svog stola u kuhinji. Ali, iako sam se ja uplašila da će se ona setiti Olega, Marina uopšte nije odreagovala i nastavila je s guljenjem krompira kao da se ništa ne dešava, a Oleg je upravo takvo obrazloženje iznosio kod sebe u fabrici kad su ga zvali – da on hoće dete, a Marina ne može da ima decu, i da po zakonu on ima pravo na razvod.

Arno se u vreme dok je živeo kod svoje majke, a ona je odrađivala svoj staž do penzije i nije se mešala u njegove stvari, zbog toga što se jako umarala na svom knjigovodstvenom poslu u ministarstvu, taj Arno se provodio punom parom. Mi smo ga viđale najviše dve večeri nedeljno, a Galja je govorila preko telefona: „Arno opet ide na rođendan." Mi smo znale kakvi su ti Arnovi rođendani zbog toga što kad je Galja po običaju otputovala na celo leto, Anro je svako veče dolazio kući sa ženskom. I najzad se Arno oženio, Galja je vikala preko telefona da je devojka starija od Arnoa godinu i po dana i da sada to nije strašno, sada su sve žene starije od svojih muževa, a u stvari, kako nam je u kuhinji rekao pijani Arno, bila je starija od njega pet godina.

Trebalo je videti kako je Galja skakala kad se ispostavilo da kod Arnove žene, koja se zvala Mirjam, dete leži u nepravilnom položaju i to pred sam porođaj. Galja kao da se setila starih vremena, ponovo je počela da izlazi iz kuće sa zavežljajima i kesama, samo sada su to već bile sasvim stare, još nemačke drangulije, i Galja je pustila u promet svoje gostinske servise od saksonskog porculana.

I opet je počela telefonska gungula, i mi smo saznale da je Mirjam uzela da operiše žena-profesor koja ne uzima u novcu. Galja je bukvalno zatrpala poklonima tu profesorku. Sasvim nedavno Mirjamin sin, koji je rođen carskim rezom, napunio je pet meseci, i Galja je odvukla profesorki escajg od alpaka-srebra.

Galja je bila opsednuta poklonima. Ona ne traži poklon neposredno pre uručenja, ona kupuje ono što nađe zanimljivo u radnjama i sakrije to kod sebe. Pokloni kod nje stoje po pola godine, i najzad dolazi trenutak kada ih ona svečano nosi nekome i pri tome poklanja sve ono što je po njenom mišljenju zanimljivo i korisno onoj osobi kojoj ona nosi poklon. Ona deli poklone bukvalno sivma – frizerkama, meni i Marini, svim rođacima i poznanicima, svima onima koji joj mogu biti korisni i svima onima koji su joj već nekad nešto učinili u životu, a takvih ljudi bilo je mnogo. Sasvim nedavno ona je ponovo pretresla svoje stare veze zbog toga što je njena nećaka doputovala sa juga gde je provela četiti meseca s bolesnim detetom, i mi smo čule preko telefona da je ta nećaka upropastila sebe. Nećaka se uskoro pojavila kod nas u stanu sa svojom ćerkom, i Galja je dovela profesora koji je potvrdio da je Galjina nećaka upropastila sebe spasavajući zdravlje deteta. Galja je brzinom munje smestila nećaku u najbolju onkološku bolnicu i četiri meseca baktala se s nećakinom ćerkom. Zatim je nećaka otputovala kod sebe u Vologdu, da proživi još svojih godinu i po dana, kako je rekao profesor, i o tome je Galja čitavu nedelju vikala preko telefona, između ostalog, i na međugradskim linijama.

Na kraju je Marini prekipelo i ona je dovela telefonskog montera, koji je na naš aparat stavio kabl dužine deset metara, tako da sad mi možemo mirno da živimo i da na miru razgovaramo preko telefona, i u stanu je posle mnogih godina vike i sveopšte obaveštenosti zavladala tišina, i ja i Marina na miru radimo. Marina je, doduše, sada potpuno poludela – u svojoj četrdeset petoj godini ona piše disertaciju, a kog vraga joj je to potrebno. Sedi na parama, funkcija joj je visoka, uostalom, kad bi samo želela, imala bi udvarača koliko hoće. Dok nam je još telefon stajao u hodniku, ona je pričala preko telefona na takav način, da, kada bih ja umela tako da pričam, već bih odavno imala gomilu. Marina nekako sebe tako servira, tako sebe visoko stavlja, kako ja nipošto ne bih mogla.

Njoj su se mnogi udvarali, jedan je bio naročito ustrajan, već je odlazio u kuhinju da joj popravlja peglu i nudio se da i nama popravlja pegle, i Galja i ja smo ga već smatrale domaćim, dok ga Marina nije izbacila, zbog toga što se žena tog čoveka požalila na njega na poslu i on je imao velikih neprijatnosti, Marina ga je izbacila kad je saznala za sve to. I otada više nikoga nismo videli kod nje. A on svejedno šalje razglednice sa čestitkama pred svaki praznik.

Sada je u našem stanu tišina. Sada Galja priča preko telefona u svojoj sobi, ja slobodno pričam u svojoj, Marina u svojoj. Samo ponekad, kad dolazim kući, osećam da me Galja čeka. Ne stignem čak ni da otključam svoja vrata zbog toga što me Galja presreće već na pragu i priča sa mnom otprilike četrdeset pet minuta. Ja ne mogu da je prekinem zato što me se ona seća kad još nisam imala ni godinu dana, a ona je imala dvadeset devet. Moja mama vaspitala me je tako, da nas je Galja spasila, prehranila za vreme rata, kad je otac nestao bez traga. Znala sam da sam ja detence prema Galji, dok su svi drugi odrasli. Ali ponekad sam, jednostavno, prinuđena da se krijem u svojoj sobi, ne mogu čak ni da izađem u kuhinju i pristavim čajnik, zbog toga što znam da me Galja vreba da mi isprića sve što se u poslednje vreme desilo s njenom mnogobrojnom porodicom. Ja mogu da ne izlazim, ali Galja ima puno slobodnog vremena, ona je u penziji i jednog lepog dana pokucaće na moja vrata i ući s rečima: „Ti uporno ne primećuješ moj novi kućni ogrtač, a ja sam ipak odlučila da ti ga pokažem; da li ga odobravaš ili ne?".

I Marina, koja s nama ne razgovara, sasvim mirno može da uđe kod mene i, kao da je sve to potpuno normalno, kaže: „Čuj, ja sam prestala da pušim, ako budem tražila od tebe cigaretu, molim te, nemoj da mi je daš." A šta ja imam s tim, odgovorila sam joj: „Kako hoćeš, ali svejedno nećeš prestati." – „Da se kladimo da ću prestati". Kroz dva dana Marina dolazi da traži cigaretu, ja joj dajem s rečima: „Eto vidiš?" – a ona svejedno tvrdi da će prestati, i zaista je prestala, više nije dolazila. Ona je veoma jaka osoba, ja ne mogu tako, još uvek nisam prestala da pušim. Ali Marina, po svoj prilici, ima proces u plućima, i lekari su joj kategorički zabranili da puši. Njena pluća bolesna su još od rata, kasnije su ih, navodno, zalečili. Ali sada je, po svoj prilici, sve počelo ispočetka, s obzirom na to da ta luda po ceo dan krcka orahe. Čak se i noću ponekad čuje snažan tresak iz njene sobe.

A nedavno nam se ukazala prilika da sve tri dobijemo po jednosoban stan u raznim delovima Moskve. Nekoga je privukla predratna gradnja naše zgrade, naš ogromni hodnik i ostava, i naši visoki plafoni, i pogled na skver iz kuhinje. Ali Marina i Galja kao da su se usaglasile – obe su razgovarale sa mnom neodređeno i preko volje, i stvar je propala. Galja, kao otvorena osoba, rekla mi je da ne može da stanuje u odvojenom stanu, plaši se. Tada sam ja predložila još jednu varijantu, luksuznu sobu u zajedničkom stanu – ali Galja, je istog trenutka, odgovorila: „A ko zna kakvi bi bili sustanari, ovde sam se ipak navikla."

Ja, uostalom, i ne žudim naročito za odvojenim stanom, nije mi potreban, isto kao što mi nije koristila ni odvojena soba koju mi je ostavila mama.

Mama je otišla – to je loše, a sve ostalo, pa i okretaj ključa u bravi, nije večno, to prolazi, i vremenom će i kod mene proći.

NJURA PREKRASNA

Tako lepa, kao u kovčegu, Njura nikada nije bila tokom života – možda, ako zamislimo matursko veče i njenih prethodnih šesnaest godina, ali na licu ima pečat tragedije!

Ljudi su se zbunjeno tiskali oko kovčega, imali su zašto da budu zbunjeni – pred njima je ležala prava uspavana lepotica, i to još tužna, mlada, beznadežno bolesna, ma čemu okolišiti, mrtva: bilo je teško poverovati u to.

Obrve poput krila, nežna naduta (kao od suza, pa umirala je sedam dana) usta, Bože!

Ali postojalo je još nešto zbog čega su se ljudi osećali nelagodno: to je bio rad operatera sa mrtvima, operatera u tom smislu što je on (tobože), ugledavši je, rekao, zviznuvši (očigledno, zviznuvši u mislima), ostavite nas same.

Materijal je bio božanstven, iako, ponavljam, sedam dana mučenja posle operacije, potpuna nepokretnost, suze, bol, sve je to Njura pretrpela i umrla, smršavši poput deteta.

Tako da je šminker-operater sa svojom grobljanskom kozmetikom očigledno stvorio umetničko delo: delo koje će svi zapamtiti do kraja svojih života.

Namera naručilaca bila je da ne dovode u nepriliku ljude izgledom užasnog posle patnji lica mlade Njure, a doveli su ih u nepriliku nečim drugim: kako da se ovako nešto preda vlažnoj zemlji?

Zemlja je zaista bila vlažna tog dana, ali kišica, hvala Bogu, nije padala, inače bi se istopilo delo klasika-šminkera. Gomila je posmatrala, začuđeno, zbunjeno, muž je, potpuno van sebe, obeznanjen, govorio nešto poput „eto leži moja Njura" i čak držao nekakav oproštajni govor, pa zbogom moja lepotice, zapetljao se.

Njurina majka delovala je, jednostavno, smrvljeno, nikako, izbledela je u gomili, a i ona je bila vitka, visoka lepotica u svojoj pedesetoj godini, ali istopila se, suze su joj rastvorile lice, to je bilo neko testo, a ne lice.

Muž sa crvenim, ona sa krečnim, sivim, a Njura u kovčegu nežno-pocrnela, da ga đavo nosi tog operatera, i njegovu kutiju s bojama.

Gomila je bila zbunjena još i zbog toga što su svi dobro znali kako je tamna poput uglja Njura došla do svog kraja, pocrnela posle letovanja (ona i muž upravo su se bili vratili sa juga), međutim baš kao žar, nemirne, upaljene suve oči, suva ispucala usta, tuga je izjedala tu mladu lepoticu, tuga i patnja, jer njen muž je već odavno živeo sa strane s prijateljicom, i već su imali i dete, a Njura nije mogla da rodi dete i svuda je išla sa svojim psom.

Uzgred, posle automobilske nesreće, kad su Njuru sa slomljenom kičmom odvezli u bolnicu (udarac pijanog vozača pao je na zadnje sedište kola, gde je Njura sedela sa psom), ona je umrla, a psić koji se nalazio na njenim kolenima, pod njenom zaštitom, ostao je živ, i posle sahrane, za vreme parastosa, njega su odneli kod komšija, on ništa nije mogao da shvati, tražio je i tražio, po svoj prilici bio je poludeo. Zaštitilo ga je jadno Njurino telo.

Ispada da je Njura otišla kao lepotica, kakvom ona sebe možda nikada nije videla – mirne obrve koje se na slepočnicama dižu nagore, takozvana „lastavičja krila", i upaljene od povrede crne oči, zauvek sakrivene pod teškim kapcima.

Svi su bili zbunjeni i zbog toga što se tu otvoreno mogao pratiti nekakav preterano jednostavan, čak primitivan siže: nepotrebno, bezvredno i suvišno, skandalozno i plačljivo, poginulo je u mukama, a mirno, strpljivo očekujuće, s detetom u rukama živi i uskoro će venčanje.

U tom smislu, grobljanski umetnik kao da je pokazao svetu kakav je dragulj otišao, ali kakva korist, mislili su svi sa srdžbom.

A neki su se (po svoj prilici) osećali nelagodno zbog toga što su sumnjali na loše stvari, da je sudbina potpomogla želje nevenčanog para, iako baš o ovakvom obrtu okolnosti, o slomljenoj kičmi, oni nikada nisu razmišljali, čak ni u najstrašnijim snovima, koji su, kao što je poznato (strašni snovi), upravo želje, ali evo vam primer: želeli su – dobili su, i to još desetostruko više.

Ne, ne, ali da, da i još jednom da.

Suviše jednostavan siže, suviše jednostavan i koji nikome ništa nije dao, nikoga ničemu nije naučio, jer niko ko u snovima priželjkuje smrt nepotrebnog čoveka, niko ništa neće naučiti, neće se užasnuti nad sobom, život ide napred, i napred, i niko ne sumnja u to da su snovi uzaludni, sanjaj koliko ti je volja.

Ali nisu uzaludni ti snovi, na kraju oni se, na ovaj ili onaj način, ostvaruju, kao u slučaju s nesretnom Njurom, i Njura nije umrla tek onako, po svoj prilici, čim njen tužni lik lebdi nad raštrkanom gomilom, iscrtano, povređeno lice.

NOVI ROBINZONI

Moji tata i mama rešili su da budu strašno lukavi i na početku svega što se dešavalo povukli su se sa mnom i sa tovarom nakupovanih namirnica u selo, zabito i zabačeno, negde iza rečice More. Našu kuću kupili smo za male pare i ona je stajala na svom mestu, mi smo odlazili tamo jednom godišnje krajem juna, odnosno na branje jagoda za moje zdravlje, a zatim se vraćali u avgustu, kad su se po zapuštenim voćnjacima već mogle nabrati jabuke, trnjine i podivljale sitne crne ribizle, a u šumama je bilo malina i rasle su gljive. Kuća je bila, navodno, kupljena da bi se rušila, mi smo živeli i koristili je, ništa ne popravljajući, dok se jednog lepog dana otac nije dogovorio sa šoferom i mi smo se u proleće, čim se malo osušilo, uputili u selo s tovarom namirnica, kao Robinzoni, sa kojekakvim baštenskim inventarom, a isto tako i sa puškom i psom, hrticom Krasivom, koja je, po opštem uverenju, mogla u jesen da hvata zečeve u polju.

I otac je započeo grozničave aktivnosti, okopavao je baštu, zauzevši i susednu parcelu, radi čega je iskopao stubove i premestio ogradu nepostojećih suseda. Okopali smo baštu, posadili tri vreće krompira, okopali smo zemlju oko stabala jabuka, otac je otišao i nacepao u šumi treseta. Kod nas su se pojavila kolica sa dva točka, inače otac je aktivno vršljao po susednim zakovanim kućama, uzimao je šta mu dođe pod ruku: eksere, stare daske, opeku, lim, kofe, klupe, kvake, prozorska stakla, svakojaku korisnu staruđiju poput vedara, kolovrata, zidnih satova i svakojaku nepotrebnu starudiju poput nekakvih lonaca od livenog gvožđa, gvozdenih vrata od peći, poklopaca, obruča od peći i slično. U celom selu živele su tri starice, Anisja, potpuno podivljala Marfutka i riđokosa Tanja, koja je jedina imala porodicu i kod koje su svojim kolima dolazila deca, nešto donosila, nešto odnosila, donosila su gradske konzerve, sir, puter, medenjake, odvozila kisele krastavce, kupus, krompir. Tanja je imala bogat podrum, natkriveno dvorište, kod nje je živeo neki izmrcvareni unuk Valeročka, koji je večito patio, te od bolesti ušiju, te od krasti. Tanja je, pak, bila medicinska sestra po obrazovanju, obrazovanje je stekla u logoru na Kolimi u koji je bila poslata zbog ukradenog iz kolhoza praseta, u svojoj sedamnaestoj godini. Kod Tanje nije zarastala narodna staza,[1] kod nje se ložila peć, dolazila joj je čobanica Verka iz susednog naseljenog sela koje se zove Tarutino i vikala još izdaleka, ja sam je posmatrala: „Tanja, da pijemo čaj! Tanja, da pijemo čaj!". Baba Anisja, jedino ljudsko biće u selu (Marfutka se ne računa, a Tanja nije bila ljudsko biće, nego prestupnik), nam je rekla da je Tanja svojevremeno bila ovde u Mori rukovodilac ambulante i maltene glavna ličnost, kod nje su se radili veliki poslovi, pola kuće iznajmljivala je za ambulantu i tu je takođe stizao novac. Kod Tanje je i Anisja radila pet godina, zbog čega je i ostala sasvim bez penzije, pošto u kolhozu nije odradila predviđenih dvadeset pet godina, a pet godina čišćenja u ambulanti ne računa se kao radni staž za sticanje penzije. Mama je otišla s Anisjom u zavod za penzijsko osiguranje u Prizersko, ali zavod je već bio zauvek i beznadežno zatvoren, i sve je bilo likvidirano, i mama je brzo peške došpartala dvadeset pet kilometara do More sa uplašenom Anisjom, Anisja je s novim žarom počela da cepa drva u šumi, dovlači grane i stabla kod sebe u kuću: spasavala se od perspektive smrti od

---

[1] Igra rečima – Iz Puškinove pesme „Spomenak" *(Prim. prev.).*

gladi, koja bi je čekala u slučaju lenstvovanja, i živi primer toga predstavljala je Marfutka, koja je imala osamdeset pet godina i više nije ložila u kolibi, a krompir koji je nekako dovukla u svoju kuću, tokom zime se smrznuo i sada je bio trula mokra gomilica – ipak je Marfutka tokom zime nešto pregrizla, a i od svoje jedine imovine, trulog krompira, nije želela da se rastaje, iako me je mama jednom poslala kod nje s lopatom, da sve to ostružem. Ali Marfutka mi nije otvorila vrata, ugledavši kroz prozor zastrt krpama, da sam došla s lopatom. Marfutka je ili jela sirovi krompir, i to bez ijednog zuba, ili je ložila vatru, kad niko nije video – ne zna se. Drva nije imala uopšte. U proleće je Marfutka, umotana u mnoštvo zamašćenih šalova, krpa i čaršava, dolazila kod Anisje u toplu kuću i sedela tamo kao mumija, ništa ne govoreći. Anisja nije ni pokušavala da je počasti, Marfutka je sedela, jednom sam pogledala u njeno lice, tačnije u onaj deo lica koji se video iz krpa, i videla da ona ima malo i tamno lice, a oči su joj kao vlažne rupice. Marfutka je preživela još jednu zimu, ali u baštu nije izlazila i, po svoj prilici, nameravala je da umre od gladi. Anisja je prostodušno rekla da se Marfutka još prošle godine sasvim dobro držala, a sad je potpuno klonula, jednom nogom je u grobu. Majka me je povela i mi smo zasadile otprilike pola kofe krompira za Marfutku, a Marfutka nas je gledala sa stražnje strane svoje kućice i uzrujala se, videlo se da smo zauzele njenu baštu, ali nije se usudila da se dovuče do nas, majka je sama otišla do nje i dala joj pola kofe krompira.

Po svoj prilici, Marfutka je shvatila da mi to kupujemo njenu baštu za pola kofe kromira, i zato nije uzela krompir, bila je veoma uplašena. Uveče smo mama, tata i ja pošli kod Anisje po kozje mleko, a Marfutka je sedela tamo. Anisja je, pak, rekla da nas je videla u Marfinoj bašti. Mama joj je odgovorila da smo mi odlučili da pomognemo baba Marfi. Anisja je, pak, rekla da se Marfutka sprema na onaj svet, nema potrebe da joj se pomaže, pronaći će ona put. Treba reći i to da mi Anisji nismo plaćali novcem, nego konzervama i supama iz kese. To nije moglo da potraje, koza je imala mleko, i to svakim danom sve više, a hranili smo je jedino konzervama. Trebalo je ustanoviti neki čvršći ekvivalent, i mama je odmah posle razgovora s Anisjom rekla da su konzerve pri kraju, da mi ni sami nemamo šta da jedemo, tako da mleko više nećemo kupovati. Anisja, bistra žena, odgovorila je da će nam sutra doneti teglicu mleka, pa ćemo porazgovarati, možda, ako imamo krompira, možemo da se dogovorimo. Anisja je očigledno bila ljuta zbog toga što mi trošimo krompir na Marfutku, a ne na kupovinu mleka, ona nije znala koliko smo mi potrošili krompira na Marfutkinu baštu u gladno prolećno doba (mesec maj – mesec aj),[1] i njena mašta radila je kao motor. Ona je očigledno razrađivala varijante Marfutkinog skorog kraja i nameravala da prisvoji njenu letinu i unapred se ljutila na nas, vlasnike posađenog krompira. Sve postaje složeno kad se radi o preživljavanju u takvim vremenima kakva su bila naša, o preživljavanju stare nemoćne žene pored snažne mlade porodice (majka i otac imali su po četrdeset i dve godine, a ja osamnaest).

Uveče je kod nas prvo došla Tanja u gradskom kaputu i gumenim čizmama žute boje, s novom pijačnom torbom u rukama. Ona nam je donela uvijeno u čistu krpu prase koje je zgnječila svinja. Ispoljila je radoznalost u vezi sa tim da li smo mi prijavljeni u Mori. Rekla je da mnoge kuće imaju vlasnike i oni će poželeti da dođu ako im se napiše, da to nisu napuštene kuće i napuštena imovina, i da svaki ekser treba kupiti i zakucati. Na kraju Tanja nas je podsetila na premeštenu ogradu i na to da je Marfutka još uvek živa. Ponudila nam je da prase kupimo za novac, za papirnate rublje, i tata je to veče sekao i solio mrtvo prase, koje je u krpi veoma ličilo na dete, okice s trepavicama itd.

---

[1] Igra rečima aj = jao *(Prim. prev.)*

Zatim, pošto je ona otišla, došla je Anisja s teglicom kozjeg mleka i mi smo se brzo uz šolju čaja dogovorili oko nove cene mleka, za jednu konzervu tri dana mleka. Anisja je s mržnjom pitala za Tanju, zbog čega je dolazila, i odobrila je odluku da se pomogne Marfutki, iako se o njoj izrazila sa podsmehom, rekavši da ona zaudara.

Kozje mleko i udavljeno prase trebalo je da nas sačuvaju od skorbuta, osim toga, Anisja je imala jare i mi smo odlučili da ga kupimo za deset konzervi, ali kasnije, kad malo poraste, pošto Anisja bolje zna kako se uzgajaju jarići. Istina, s Anisjom nismo razgovarali, i ta stara babetina, poludevši od ljubomore prema svojoj bivšoj upravnici Tanji, došla je kod nas sva svečana, s ubijenim jaretom u čistoj krpi. Dve konzerve sa ribom bile su joj odgovor na njeno divljačko ponašanje, a mama je zaplakala. Probali smo, skuvali sveže meso, ali, iz nekog razloga, bilo ga je nemoguće jesti, i otac ga je, kao i prošli put, posolio.

Jare smo, ipak, kupile mama i ja, propešačivši deset i deset kilometara, tamo i natrag do Tarutina, drugog sela, ali išle smo kao turisti, kao da se šetamo, kao da se vremena nisu promenila. Išle smo sa ruksacima, pevale, u selu smo kraj bunara pitale gde možemo popiti kozjeg mleka, kupile za lepinju teglicu mleka i oduševile se mladim jarićima. Ja sam počela vešto da šapućem mami, kao da tražim jare. Domaćica se silno uzbudila, predosećajući biznis, ali mama me je isto tako na uvo odbila, onda me je domaćica udvorički pohvalila, rekavši da ona voli jariće kao rođenu decu i zato bi meni u ruke dala oba. Ali ja sam rekla: „Ali ne, ja želim jedno žensko jare." Brzo smo se pogodile, tetka, očigledno, nije znala da računa sa sadašnjim novcem i tražila je malo i čak nam je dala komadić kamene soli za put. Ona je, očigledno, bila ubeđena da je sklopila dobar posao, i zaista, jare je brzo počelo da kržlja, namučivši se u putu. Situaciju je popravila upravo Anisja, ona je uzela jare kod sebe, prethodno ga izmazavši blatom iz svog dvorišta, i koza je prihvatila jare kao svoje, nije ga ubila. Anisja je prosto cvetala.

Sada smo imali najosnovnije stvari, ali moj nemirni, hromi otac počeo je da odlazi svakog dana u šumu. Odlazio je sa sekirom, ekserima, s pilom i kolicima, odlazio je u svitanje, dolazio po mraku. Mama i ja petljale smo u bašiti, nekako smo nastavljale očev rad na skupljanju prozorskih ramova, vrata i stakala, zatim smo, ipak, kuvale, spremale, nosile vodu za pranje, nešto smo šile. Od starih ofucanih kožuha, nađenih po kućama, šile smo nešto poput valjenki za zimu, šile smo rukavice, napravile krznene podmetače za krevete. Otac, kad je ugledao takav podmetač noću, napipao ga pod sobom, momentano je skinuo sva tri komada i ujutro ih odvezao na kolicima. Izgledalo je da otac priprema još jednu jazbinu, samo u šumi, to se kasnije pokazalo kao veoma dobro. Iako se kasnije pokazalo i to da nikakav rad i nikakva dalekovidost ne mogu spasiti čoveka od opšte sudbine, ništa ga ne može spasiti osim sreće.

U međuvremenu mi smo preživeli najstrašniji mesec jun (mesec au), kad zalihe u selu obično nestaju. Žderali smo salatu od maslačka, kuvali šči od koprive, ali uglavnom smo čuvali travu i nosili, nosili, nosili u ruksacima i torbama. Nismo umeli da kosimo, a i trava još nije bila dovoljno visoka. Anisja nam je na kraju dala kosu (za deset ruksaka trave, a to nije malo), i mama i ja smo kosile jedna po jedna. Ponavljam, mi smo živeli daleko od sveta i ja sam jako patila za mojim drugaricama i drugovima, ali do naše kuće već više ništa nije dopiralo, otac je, doduše, slušao radio, ali retko: čuvao je baterije. Preko radija emitovane su sve same lažljive i nepodnošljive stvari, ali mi smo kosile i kosile, naša kozica Rajka rasla je, trebalo joj je potražiti jarčića i mi smo krenule ponovo u isto ono selo gde je živela naša vlasnica još jednog jareta. A ona nam ga je nudila tada, a mi nismo znale pravu vrednost jarčića! Vlasnica jarčića dočekala nas je neljubazno, svi su već sve o nama znali, ali nisu znali da mi imamo kozicu: naša Rajka odgajana je kod Anisje. Zbog toga nas je gazdarica dočekala neljubazno: ona nam je prodala jare, a mi ga nismo sačuvali, to je naš problem. Jarčića nije htela da proda, mi brašna više nismo imali, ni brašna, ni lepinja – a i njen jarčić bio je već prilično težak, i tri kile svežeg mesa koštalo je ko zna koliko u to gladno vreme. Dogovorili smo se samo o tome da joj damo kilu soli i deset sapuna. Ali to je za nas bila cena budućeg mleka, i mi smo otrčale kući po sve to, upozorivši gazdaricu, da nam je potreban živ jarčić. „A šta mislite da ću ja da se prljam zbog vas" – odgovorila je gazdarica. Uveče smo doneli jarčića kući, i počeli su surovi letnji radni dani: kosidba sena, plevljenje bašte, zagrtanje krompira, i sve to u istom ritmu s Anisjom... Po dogovoru smo uzimali od Anisje pola kozjih brabonjaka i nekako djubrili zemlju, ali rađalo je slabo i sitno. Baba Anisja, oslobođena od kosidbe sena, privezavši kozu i celo kozje obdanište u okviru našeg vidokruga, trčala je po gljive i bobice, dolazila kod nas i prihvatala se naših poslova. Morali smo ponovo da selimo mirođiju, koju smo zasejali previše duboko, a ona je bila potrebna radi usoljavanja krastavaca. Krompir je udario u blitvu. Majka i ja čitale smo knjigu „priručnik baštensko-vrtnog domaćinstva", a otac je najzad završio svoje radove u šumi i mi smo krenuli da gledamo novo boravište. Ispostavilo se da je to nečija koliba koju je otac, izgleda, popravio, u svakom slučaju pozaptivao je rupe, stavio okvire, stakla, vrata, pokrio krov crepom. Kuća je bila prazna. Svih sledećih noći vukli smo tamo stolove, police, sanduke, kofe, lonce i preostale zalihe, sve smo sakrivali, otac je tamo kopao podrum i maltene zemunicu sa peći – treću kuću.

Tokom leta majka i ja postale smo grube seljanke s debelim prstima na rukama, s debelim grubim noktima u koje se uvukla zemlja, i što je najzanimljivije, kraj korena nokta pojavili su se nekakvi valjčići, zadebljanja ili kvrge. Primetila sam da i Anisja ima isto to, i besposlena

Marfutka ima iste takve ruke, i Tatjana, naša najveća gospođa i medicinski radnik, imala je istu stvar. Uzgred, stalna Tanjina gošća, čobanica Verka, obesila se u šumi, čobanica više nije bila, celo stado bilo je pojedeno, i Anisja se veoma ružno ponela prema Tanji i odala nam njenu tajnu – da Tanja nije davala Verki čaj nego neki lek, i Verka nije mogla da živi bez njega i zbog toga se obesila, nije mogla više da plaća. Verka je ostavila malu ćerku, i to bez oca. Anisja, koja je održavala veze s Tarutinom, ispričala je da ta ćerka živi kod babe, zatim se iz iste te trijumfalne Anisjine priče ispostavilo da je ta baka cvećka poput naše Marfutke, samo još i pije pored toga, i mama je u starim dečjim kolicima dovezla trogodišnje dete, već potpuno bez svesti, kod nas u kuću. Mama je uvek bila najzahtevnija, otac se ljutio, devojčica je mokrila u krevet, ništa nije govorila, oblizivala je sline, reči nije razumela, noću je satima plakala. I od tih noćnih urlika uskoro nikome nije bilo života, i otac je otišao da živi u šumi. Ništa se nije moglo učiniti i sve je išlo ka tome da se devojčica da njenoj razuzdanoj babi, kad je odjednom ta baba Faina sama došla kod nas i počela da kamči pare za devojčicu i za kolica. Majka je bez ijedne reči izvela pred nju Lenu, čistu, podšišanu, bosu, ali u haljinici. Lena se iznenada srušila mojoj majci pred noge, bez vike, kao odrasla, i savila se u klupko zagrlivši mamina bosa stopala. Baba je zaplakala i otišla bez Lene i bez kolica, po svoj prilici, otišla je da umre. Ona je teturala u hodu i brisala suze pesnicom, ali nije teturala od vina, nego od potpune malaksalosti, kako sam shvatila kasnije. Odavno nije imala nikakvog domaćinstva, u poslednje vreme Verka nije ništa zarađivala. Mi smo i sami sve više jeli kuvanu travu u raznim oblicima, sa supom od gljiva na čelu. Jarići su odavno živeli kod oca, za svaki slučaj, staza do tamo potpuno je zarasla, pogotovo što je otac, misleći na budućnost, išao s kolicima različitim putevima. Lena je ostala da živi s nama, mi smo joj davali mleka, hranili je bobicama i našim ščijem od gljiva.

Sve je postajalo daleko strašnije kad smo počinjali misliti na zimu. Hleba – ni u brašnu, ni u zrnu nije bilo, ništa u okrugu nije bilo posejano, benzin i rezervni delovi odavno nisu postojali, a konji su poubijani još ranije. Otac se prošetao, sakupio neko slučajno sačuvano klasje na bivšim poljima, ali pre njega su to već uradili drugi i verovatno ne jednom, uspeo je da skupi malo, vrećicu zrna. On je nameravao da kultiviše u šumi ozimu pšenucu na poljani nedaleko od kolibe, raspitivao se kod Anisje za rokove, i ona je obećala da će mu reći kako se i kada seje, kako se ore. Lopatu je odbila da da, a ralice nije bilo nigde. Otac ju je zamolio da nacrta ralicu i počeo je baš kao Robinzon da pravi nekakvu stvar. Anisja se ni sama nije dobro sećala svih podrobnosti, iako je ona u teškim vremenima morala da ide za kravom upregnutom u ralicu, a otac se zagrejao za inženjersku ideju i seo da konstruiše taj bicikl. On je bio srećan zbog svoje nove sudbine i nije žalio za gradom u kojem je ostavio mnogo neprijatelja, između ostalih i svoje roditelje, moju babu i dedu, koje sam videla samo u ranom detinjstvu, a dalje je sve potonulo u skandalima zbog moje mame i dedinog stana, dabogda se srušio, sa generalskim plafonima, toaletom i kuhinjom. Nama nije bilo suđeno da u njemu živimo, a sada su moji deda i baba već sigurno bili leševi. Mi nikome ništa nismo rekli kada smo odlazili iz grada, iako se otac dugo spremao za odlazak, zbog čega smo i imali pun auto vreća i sanduka. To nisu bile skupe stvari i svojevremeno nisu bile deficitarne, moj otac, bivši sportista, turista-planinar, geolog koji je povredio kuk, odavno je žudeo za odlaskom, a onda su se okolnosti poklopile s njegovom sve izraženijom manijom bežanja i mi smo pobegli dok je sve još bilo vedro. „Iznad cele Španije je vedro nebo" – šalio se otac bukvalno svakog lepog jutra.

Leto je ispalo divno, sve je zrilo, bujalo, naša Lena počela je da priča, trčala je za nama u šumu, nije brala gljive nego je upravo trčala za mamom kao prišivena, kao da je zauzeta najvažnijim poslom u životu. Uzalud sam je ja učila da primećuje gljive i šumske plodove, dete u njenom položaju nije moglo da bude mirno kad se odvoji od odraslih, ona je spasavala svoju kožu i svuda je išla za mamom, trčala za njom na svojim kratkim nogama sa svojim naduvenim stomačićem. Lena je nazivala mamu „dadilja", odakle li je samo uzela tu reč, mi joj je nismo govorili. I mene je zvala „dadilja", vrlo duhovito, u stvari.

Jedne noći začuli smo iza vrata cvilenje kao od mačeta i pronašli bebu umotanu u stari zamašćeni džemper. Otac, koji se pomalo navikao na Lenu, i čak dolazio kod nas preko dana da štošta poradi u domaćinstvu, sada je zagrmeo. Majka je bila ljuta i odlučila je da upita Anisju ko je to mogao da uradi. S detetom, noću, u pratnji ćutljive Lene, uputili smo se Anisji. Ona nije spavala, kao ni mi, čula je viku deteta i bila veoma zabrinuta. Rekla je da su u Tarutino stigle prve izbeglice i da će uskoro doći i kod nas, očekujte još gostiju. Dete je vrištalo, prodorno i bez prestanka, imalo je tvrd i naduven stomak. Tanja, koju smo ujutro pozvali radi pregleda, rekla je, čak i ne dodirnuvši ga, da dete neće preživeti, da ima „detinje". Ono se mučilo, vrištalo, a mi čak ni cuclu nismo imali da ga nahranimo, mama mu je kapala vodicu u osušena usta, ono se gušilo. Reklo bi se da je imalo oko četiri meseca. Mama je odlučnim maršem trknula u Tarutino, trampila s domorocima zlatnu hrpu soli za cuclu i dojurila natrag čila, i dete je popilo malo vode iz bočice. Mama mu je uradila klistir, i to s kamilicom, mi smo svi, čak i otac, trčali, leteli, grejali vodu, stavili detetu termofor. Svima je bilo jasno da treba da napustimo kuću, baštu, uhodano domaćinstvo, inače će nas zateći. Napustiti baštu značilo je umreti od gladi. Otac je na porodičnom savetu rekao da se u šumu selimo mi, a on će se sa puškom i kerušom Krasivom nastaniti u šupi kraj bašte.

Noću smo krenuli s prvom partijom stvari. Dečak, kojem smo dali ime Nađen, putovao je u kolicima, na zavežljajima. Na opšte iznenađenje, on se posle klistira ispraznio, zatim posisao razblaženog kozjeg mleka i sada se vozio u ovčijem krznu privezanom za kolica. Lena je koračala, držeći se za vreće.

Pred svitanje, stigli smo u našu novu kuću, otac je odmah napravio i drugu turu, zatim i treću. On je, kao mačka, dovlačio u zubima stalno nove mačiće, odnosno svu svoju znojem stečenu imovinu i mala koliba bila je na kraju zatrpana stvarima. Po danu, kad smo svi mi, iscrpljeni, zaspali, otac je krenuo na dežurstvo. Noću je dovezao kolica iskopanog, još uvek mladog povrća, krompira, šargarepe i cvekle, repice i malih lukovica, i mi smo to slagali u podrumu. Iste te noći, on je ponovo otišao i vratio se maltene trčeći, s praznim kolicima. Došepao je pokunjen i rekao: gotovo! I doneo je još teglicu mleka za dečaka. Ispostavilo se da je našu kuću zauzela neka gazdinska uprava, kraj bašte stoji stražar, Anisji su uzeli kozu i odveli je u tu našu bivšu kuću. Anisja je, otkako se smrklo, vrebala oca na njegovoj ratnoj stazi sa tom teglicom uveče pomuženog mleka. Mada je otac tugovao, on se, u isto vreme, i radovao zbog toga što je opet uspeo da pobegne, i to s celom porodicom.

Sada su sve nade bile polagane u malu očevu baštu i gljive. Lena je sedela u kolibi s dečakom, nju nismo vodili u šumu, ostavljali smo je zatvorenu u kući, da ne bi ometala ritam radova. Ma koliko to bilo čudno, ona je sedela s dečakom, nije udarala u vrata. Nađen je junački pio sok od krompira, a majka i ja tumarale smo po šumi s kesama i ruksacima. Gljive više nismo solili, nego smo ih sušili, soli gotovo da nije bilo. Otac je kopao bunar, potok se nalazio prilično daleko.

Petog dana od našeg preseljenja, kod nas je došla baba Anisja. Došla je praznih ruku, bez ičega, samo s mačkom na ramenu. Njene oči gledale su čudno. Ona je posedela na verandi, držeći u krilu preplašenu mačku, zatim je poskočila i otišla u šumu. Mačka se zavukla ispod verande. Anisja je uskoro donela punu kecelju gljiva, među njima bio je i muhomor. Ona je ostala da sedi kod nas na verandi i nije ušla u kuću. Mi smo joj izneli našu praznu supu u teglici od njenog mleka. Uveče je otac odveo Anisju u zemunicu, koja je bila naša treća, rezervna kuća, Anisja se odmorila i počela živahno da šparta po šumama. Gljive sam joj oduzimala da se ne bi otrovala. Deo smo sušili, a deo bacali. Jednog dana, vrativši se iz šume, zatekli smo našu svojenčad svu zajedno na tremu. Anisja je ljuljala Nađena i, uopšte, ponašala se kao ljudsko biće. Iz nje kao da je nešto provalilo, pričala je Leni: „Sve su ispreturali, sve su odneli... Kod Marfute nisu ni privirili, a meni su sve uzeli, odveli su mi kozu na uzici..."

Anisja je još dugo bila korisna, pasla je naše koze, čuvala je Nađena i Lenu sve do prvih mrazeva. A onda je legla sa decom na peć i silazila samo u dvorište. Zima je zavejala snegom sve puteve do nas, mi smo imali gljive, šumske plodove, sušene i kuvane, krompir iz očeve bašte, pun tavan sena, ukiseljene jabuke sa zabačenih šumskih imanja, čak i burence kiselih krastavaca i paradajza. Na šumskoj poljanici, pokrivena snegom, rasla je ozima pšenica. Imali smo koze. Imali smo dečaka i devojčicu za produžetak ljudskog roda, mačku koja nam je donosila divlje šumske miševe, imali smo kerušu Krasivu, koja nije želela da ždere te miševe, ali sa kojom se otac nadao da će loviti uskoro zečeve. On se plašio da lovi s puškom, on se čak plašio da cepa drva zbog toga što bi nas mogli otkriti po zvuku. Cepao je drva za vreme besnih oluja. Imali smo baku, izvor narodne mudrosti i znanja. Oko nas su se prostirala hladna prostranstva.

Otac je jednom uključio tranzistor i dugo tražio po eteru. Eter je ćutao. Ili su se bile ispraznile baterije, ili smo zaista mi ostali sami na svetu. Ocu su sijale oči: ponovo je uspeo da pobegne.

U slučaju da nismo sami, neko će doći kod nas. To je svima jasno. Ali, kao prvo, otac ima pušku, mi imamo skije i imamo budnog psa. Kao drugo, ko zna kada će doći. Mi živimo, čekamo, i tamo, mi to znamo, neko živi i čeka, dok mi odnegujemo našu pšenicu i, dok narastu hleb i krompir i naši jarići – e, onda će doći. I uzeće sve, uključujući i mene. Za sada ih hrani naša bašta, Anisjina bašta i Tanjino domaćinstvo. Tanje već odavno nema, pretpostavljam, a Marfutka je na svom mestu. Kada i mi budemo kao Marfutka, onda nas neće dirati.

Ali dotle imamo još da živimo i živimo. I najzad, ni mi ne spavamo. Otac i ja pripremamo novo utočište.

MREŽE I ZAMKE

Evo šta mi se desilo kad sam imala dvadeset godina.

U suštini, mojih dvadeset godina ne igraju tu nikakvu ulogu – mogla sam imati i sedamnaest ili trideset: važno je to da sam ja prvi put nastupila u toj ulozi, da sam se prvi put našla u toj situaciji. Drugi put u istoj situaciji se nikada više nisam našla; može se reći da sam njuhom osećala mogućnost da se ponovo nađem u istoj ulozi – i istog trenutka bih se izmakla, izmigoljila iz razapete mreže. Uostalom, razapete mreže nikada nije ni bilo, niko nikada – čak ni onaj prvi i jedini put – nije ni pomišljao da me uhvati u bilo kakvu mrežu; pošteno govoreći, nikakvih loših namera niko nije imao, niko nije pravio zamke, ni privi put, ni kasnije, nije bilo čak ni običnog, minimalnog interesovanja za moju ličnost; ja nisam u toj situaciji bila interesantna i potrebna lično, već samo kao žena svog muža.

Dakle, nije bilo apsolutno nikakve razapete mreže u onom trenutku kad je moj muž, budući postdiplomac, još uvek boravio na svom radnom mestu, a ja, njegova žena, koja sam bila u drugom stanju, doputovala kod njegove majke u drugi grad. Uskoro je trebalo da i moj muž doputuje za mnom, da me zaposli na novom mestu, položi ispite za postdiplomski, da se registrujemo, proslavimo najzad naše venčanje i počnemo novi život.

Na taj način, bliska budućnost bila je vedra i nepomućena, ostalo je trebalo da se sredi kasnije, i tako je i bilo.

Položaj u kojem sam se nalazila bio je apsolutno jednostavan, čist i jasan; odnosno, bio bi jednostavan, čist i jasan, da sam ja imala u rukama dokument koji potvrđuje da sam Georgijeva žena. U pogledu svega ostalog, sve je bilo normalno: ja sam Georgijeva žena, odlazim za sada sama kod njegove majke da se porodim, pošto on trenutno ne može da se izvuče; on želi da se ja porodim u njegovoj kući, pošto dete treba da se rodi u mirnoj atmosferi, a ne u atmosferi onog kutka, gde smo živeli ja i Georgij. Ja sam, doduše, mogla da otputujem na porođaj kod svojih roditelja, koji su živeli prilično daleko; međutim, želela sam da što čvršće vežem svoju sudbinu sa sudbinom Georgija, njegove porodice, njegove majke, koju još nikada nisam videla i koja je znala za moje postojanje samo iz sinovljevih pisama.

Tako da je sve izgledalo potpuno normalno, ako se izuzme činjenica da ja još nisam bila Georgijeva žena. A nisam mu bila žena iz jednostavnog razloga što je on pre mene već bio oženjen, imao dete od pet godina i njegova prva žena živela je upravo u onom gradu gde je živela Georgijeva mama, i gde je on i sam proveo veliki deo svog života. Georgij se razišao sa ženom davno, i to nije bio rezultat dugotrajne razdvojenosti, kad muž radi u jednom gradu, a žena sa detetom živi u drugom i veze se postepeno kidaju, odvikavaju se jedno od drugog i prestaju da putuju jedno kod drugog, iako nema otvorenih povoda ni za formalni razvod niti za odlučujući razgovor. U Georgijevom slučaju bilo je sve daleko ubedljivije: on je plaćao svojoj ženi alimentaciju za sina, razišli su se još dok su živeli u istom gradu, žena je uzela dete i otišla kod svojih roditelja, a Georgija su, nakon izvesnog vremena, rasporedili u drugi grad, gde sam i ja došla da studiram sa Dalekog Istoka.

To vam je priča o našem upoznavanju i istovremeno priča o tome zašto sam ja tri godine posle početka svojih studija usred leta putovala kod majke svog muža u tuđi grad, s koferom, mantilom i tašnom, u kojoj se nalazilo Georgijevo pismo majci.

Istini za volju, Georgij nije bio preterano sretan zbog toga što ja idem da se porađam kod njegove mame. Međutim, pošlo mi je za rukom da ostanem pri svome; tačnije, jednostavno sam uzela i uradila po svome, pošto sam imala strahove karakteristične za moj položaj: ako otputujem na Daleki Istok kod mojih roditelja, a Georgij otputuje na postdiplomske studije, nećemo moći ubrzo da se spojimo i započnemo svoj život. Na Dalekom Istoku imaću dobre uslove života, moje dete imaće odličnu negu, ja ću uskoro početi da radim ili studiram i ceo moj način života biće već takav da će se sve srediti i bez Georgija, pošto sam poznavala njegovu savesnu, plemenitu prirodu, koja mu ne bi dozvolila da me ostavi s detetom u nesigurnom položaju. Znala sam da će on u takvoj situaciji, ako ona nastane, doći da mi pomogne, što znači da će on, jednostavno, doći i sve srediti na najbolji način.

Nesređenost je morala automatski da povuče za sobom težnju ka sređenosti, dok bi bilo kakva sređenost – na Dalekom Istoku kod mame, ili u onom gradu gde smo Georgij i ja živeli i gde bih ja mogla, u slučaju potrebe, da tražim mesto u studentskom domu – bilo kakva sređenost te vrste povukla bi za sobom odlaganje prave sređenosti pošto bi Georgijeva duša, od samog početka, bila mirna u pogledu mene i deteta i on bi laka srca počeo novi život u institutu i bilo bi praktično nemoguće naterati ga da nešto uradi – da se razvede ili uzme mene i dete kod sebe.

Međutim, sve gore navedeno ni na koji način ne objašnjava tadašnje stanje slepe ushićenosti s kojom sam ja pohrlila u zagrljaj tuđe porodice, tačnije Georgijeve majke, Nine Nikolajevne. Ona je živela u staroj, velikoj, komfornoj zgradi, i kakvo je zadovoljstvo za mene bilo da, posle prašnjave letnje ulice, uđem u kupatilo, u kojem je lavabo bio starinski, od fajansa, s plavom šarom i napuklinom, a emajl u kadi izlizan do te mere da se videlo željezo.

Naš prvi susret, međutim, prošao je bez prevelikog oduševljenja. Mora se reći da Nina Nikolajevna nije krila svoje sumnje. Pažljivo je pročitala pismo, a ja sam za to vreme, u pripravnosti, stajala u predsoblju, odlučivši da, u slučaju potrebe, odmah odem. Kofer sam ostavila u garderobi i čak sam pola dana (doputovala sam ujutro) potrošila na to da, negde u okolini stanice, pronađem prenoćište za sebe.

Ja sam, moram napomenuti, računala na to da Georgijeva majka neće mnogo voditi računa o meni. Zbog toga sam se pobrinula oko svega, pošto mi je Georgij, koji je bio deset godina stariji od mene i video mnogo toga u životu, precizno opisao atmosferu svoje kuće i svoju majku. Rekao mi je, da će sve zavisiti od mene i samo od mene, od toga koliko budem pametna i samostalna, upravo samostalna. On je ponavljao tu reč na razne načine, objašnjavajući mi njeno značenje: samostalan – to je onaj koji stoji sam, ne oslanja se ni na koga, ne zahteva ništa ni od koga. Samo takav čovek mogao je računati na uspeh kod njegove mame, samo takav, a nikako slabić koji se raduje svakom saosećanju, koji je spreman svakome da popusti, pomogne, da bi pokazao svoju dobrotu i čestitost. Georgij me je učio tome zbog toga što mu se kod mene nije dopala velika želja da svima ugodim, da se svima dopadnem, odmah i bezuslovno zadobijem svačije poverenje, nije mu se dopadala težnja da otvorim svoju dušu bilo kojoj drugoj duši, kako bih naišla na razumevanje. Georgij je želeo da budem čvršća i sav bi se skamenio kad sam se ja trudila da primam goste u našoj sobici, gde smo živeli nakon mog odlaska iz doma. Georgiju se nije dopadalo moje dodvoravanje, spremnost da se smejem na svaku šalu i prihvatanje svakog znaka pažnje zdravo za gotovo, kao želju za prijateljstvom i samo prijateljstvom. Kada bi Georgijevi drugovi otišli, Georgij je umeo po nekoliko dana da ne razgovara sa mnom, nezadovoljan time što ceo njegov vaspitni rad pada u vodu, što od mene ne postaje čvrsta, samostalna osoba, koja jedina i može na pravi način da reaguje na grube šale i površne razgovore. I čak i u tome kako sam se ja odnosila prema njegovom ćutanju; kako sam plakala i pokušavala da ga odobrovoljim – čak i u tome je on osećao očigledno odstupanje od norme, norme ponašanja ponosne, samostalne osobe. „Budi barem na trenutak ponosna" – rekao bi mi na kraju Georgij i ponovo zaćutao.

Tokom poslednjeg meseca našeg zajedničkog života postalo je potpuno nemoguće izvući nešto iz Georgija: on je nekud skitao, ništa nije govorio o svojim planovima, ništa nije govorio ni o tome kako napreduje njegova priprema za ispite, kao da sam ja pokušavala nešto da otkrijem i to o takvoj situaciji kao što je priprema za ispite; kao da su meni bile potrebne te pojedinosti. Međutim, on ih je branio od mog mešanja tako kao da su meni ti podaci bili potrebni i kao da ja nisam mogla da živim bez toga da ga napadam sa pitanjima kako je prošao dan i šta je danas bilo. Usrdno je čuvao od mene svoje sveske, knjige, svoju fasciklu, svoje sitne kupovine.

I pored toga, on je savršeno normalno seo i napisao svojoj majci pismo, kad sam ja rekla da ću ići kod nje da se porodim pošto nema novaca za put na Daleki Istok. On je to pismo napisao ne samo zbog toga što sam ja klekla pred njim nego i zbog toga što je njemu samom bilo potrebno da ja što pre odem, bilo kuda, bilo kako, ali da odem. I u tom smislu, ja sam, naravno, požurila sa svojim puzanjem na kolenima, s tim klanjanjima, pošto takvim načinima još niko nikoga nije naterao da nešto učini, rekao mi je Georgij, započinjući opet svoju propoved. On je počeo da mi prebacuje kako ja nemam osećaj za trenutak, i uopšte ne vidim dalje od svog nosa, da sam ja – nesamostalna osoba i da moj odlazak kod njegove majke svejedno neće ništa doneti, pošto sam ja nesamostalna. Zatim mi je održao svoje uobičajeno predavanje o tome kakva bi on želeo da ja budem, i to je bio izuzetan slučaj, prvi takav za poslednjih mesec dana, pošto je on gotovo sasvim prestao da obraća pažnju na mene i samo je čuvao svoj unutrašnji svet, na sve načine ograničavao moje upadanje u njega i postepeno širio granice zabranjene zone, tako da sam ja gotovo sve vreme sedela u kuhinji. Bilo je leto, a ja sam sedela i sedela u kuhinji, pošto nisam htela da propustim trenutak kad Georgij krene na polaganje ispita. S obzirom na sve, on je jednostavno mogao da mi ne ostavi ključ, i ja bih morala da idem kod gazdarice, van grada, a gazdarica me baš nije obožavala pošto je brzo prepoznala osobenosti mog položaja i često govorila da je sobu izdala inženjeru-samcu, a u njoj živi čitavo krdo.

I tako je Geogij seo i napisao pismo, i ja mu nisam ništa odgovorila, samo sam uzela taj listić i otišla u kuhinju. To sam ja počela da sprovodim u delo odluku o radikalnoj promeni naših odnosa, o izgrađivanju ponosa kod sebe. Dakle, ja sam bez reči uzela pismo, sačekala da Georgij ode, polako spakovala stvari i otputovala, ne ostavivši čak ni cedulju.

Razmišljala sam o tome zašto me je Geogrgij tako bespogovorno pustio kod svoje majke, ali nisam uspela da pronađem rešenje. Ja sam znala da su njegovi odnosi s majkom komplikovani, da se njegova prva žena nije složila prvo baš s majkom, i tek kasnije sa Georgijem. Međutim, to me iz nekog razloga nije plašilo, neko vreme razmišljala sam o tome i zatim prestala, a voz je išao i išao i na kraju, posle dvadeset četiti sata, dovezao me na stanicu u Georgijevom rodnom gradu, gde je živela njegova zakonita žena sa sinom, gde se nalazila zgrada u kojoj je on proveo detinjstvo i tako dalje – sve te misli izuzetno su me uzbuđivale, tako da nisam odmah po dolasku počela da ostvarujem ono što sam bila naumila, odnosno da tražim prenoćište.

Sve u svemu, prijem koji mi je priredila Georgijeva majka nije bio naročito ljubazan, ali ja i nisam ništa očekivala. Nina Nikolajevna pročitala je pismo u predsoblju, ne puštajući me u stan. Ja sam, doduše, izgledala sasvim pristojno, umila sam se kod one gazdarice kod koje sam iznajmila prenoćište. A tamo sam prišila i belu kragnu na haljinu, pošto je lepota trudnice pre svega u čistoći i urednosti, u posebnoj draži higijene, a nikako u praćenju mode.

Pročitavši pismo, Nina Nikolajevna nije postala srdačnija, ali me je pozvala da uđem.

Njena soba bila je ogromna, mračna, s lepim starinskim nameštajem, sa gotovo crnim parketom. Ja sam odmah svim srcem zavolela tu sobu, dušu mi je preplavilo spontano oduševljenje i želja da ostanem ovde zauvek.

Međutim, na pitanje gde sam odsela, odgovorila sam da sam odsela kod prijatelja, i da je to u redu. Na pitanje imam li novaca, odgovorila sam da imam i da sam ja, u stvari, samo došla da se upoznam, pošto sam već doputovala ovamo. Na pitanje zbog čega sam ovamo doputovala, odgovorila sam da ću zajedno s detetom čekati ovde Georgija. „A hoće li dete biti uskoro?" – upitala je Nina Nikolajevna, i ja sam odgovorila da ne znam tačno, pošto lekari govore jedno, a ja znam drugo. Nina Nikolajevna upitala je šta ja znam u vezi sa tim, i ja sam odgovorila da dete treba očekivati posle novembarskih praznika. Zatim je Nina Nikolajevna upitala da li je dete Georgijevo, i ja sam odgovorila da jeste i zaplakala.

Nisam mogla da zadržim taj strašni plač, kroz koji su se očigledno izlile sve moje patnje proteklih meseci, tokom kojih nisam plakala, nego se pre smejala na Georgijeve primedbe o mojoj nesamostalnosti. Taj idiotski bezrazložni smeh, uzgred, najviše je izvodio Georgija iz takta, ali ja nisam ništa mogla da uradim sa tim smehom, on mi je izletao nehotično, isto kao što sam potpuno nehotično počela da plačem posle pitanja Nine Nikolajevne o tome da li je dete Georgijevo.

Moj plač delovao je na Ninu Nikolajevnu. Izgledalo je da je ona shvatila sa kim ima posla, pošto se otada ponašala prema meni tako da su svi njeni postupci izazivali kod mene osećanje ogromne, izuzetne zahvalnosti i takve sreće, kao da sam dospela u željeni rodni dom – samo s tom razlikom što ja ne bih želela da dospem u moj rodni dom. To i jeste bilo ono najužasnije, što me nikuda, ni u jedan drugi dom na svetu, čak ni kasnije u moj i Georgijev novi stan, nije toliko vuklo kao u dom Nine Nikolajevne, u taj divni dragi dom, gde nište nije bilo namenjeno meni, gde kao da je svaka stvar postojala na višem nivou od mene, bila plemenitija, lepša od mene – i u isti mah sve je to za mene bilo ispunjeno nadom u sreću. Sa kakvim strahopoštovanjem sam razgledala slike u masivnim ramovima, prelepe jastuke na divanu, tepih na podu, trpezarijski sat u uglu.

I ne samo to, razneživale su me čak i razne neukusne stvarčice, neke kutije i cipelice oleplјene školjkama, stare četrdesetak godina, nekakve prazne bočice od parfema. Ja bih sa ljubavlju sve to obrisala krpom i poslagala ispod ogledala. Kasnije sam i pokušavala da to radim, ali svaki put Nina Nikolajevna sasecala je takve pokušaje u korenu, ne dozvoljavajući čak ni da dodirnem bilo šta u njenoj sobi.

U suštini, ta soba nije bila baš tako lepa, i nije baš bila ni tako brižljivo pospremljena. Međutim, posebna draž proživljenog ovde dugog života, draž čvrstih, starih stvari pala mi je u oči odmah, kao što gladnom čoveku odmah pada u oči hrana, a skitnici – mirno utočište.

Ponavljam, da nikakve mreže, razapete u nameri da ja upadnem u nju i nastradam, nije bilo. I ne samo to, ja sam sama slepo išla napred, ne pomišljajući na to da će ikada neka mreža biti razapeta za mene. Jer nije se mogla smatrati zamkom ona ganutost i majčinsko (čak ne ni majčinsko – nego bolje, jače) pokroviteljstvo, koje sam osećala kod Nine Nikolajevne! Nisam se dobro izrazila – čak ne majčinsko – nego bolje, jače, pošto majka ne ukazuje pokroviteljstvo. Pored toga, bila sam toliko raznežena, da sam jednom iz sobe doviknula Nini Nikolajevni u kupatilo, kako bih htela, zbog kratkoće, da je nazivam mama. Ona me nije dobro čula, upitala me je da ponovim, ali šum vode prekrio je sve moje reči, i ja više nisam pokušavala da dajem takve dalekosežne predloge.

Bilo mi je kao u raju. I dok sam u početku još i nameravala da odem kod one tetke na stanicu i, za svaki slučaj, dogovorim se sa njom oko ležaja za ubuduće, kasnije to više nisam ni spomenula Nini Nikolajevni (ja sam joj vrlo brzo otkrila svoju tajnu u vezi blagovremeno iznajmljenog ležaja).

Nina Nikolajevna nikud me nije pustila već prvog dana i svakim danom sve više se vezivala za mene. Bukvalno me je držala kao kap vode na dlanu, pre posla stizala je da ode na pijacu po povrće i rendala mi za doručak šargarepu.

Nina Nikolajevna, kao što sam već rekla, nije mi dozvoljavala ništa da diram – ona je sama spremala hranu za ceo dan, i meni je ostajalo samo da podgrejem ručak. Uveče nisam večerala, čekala sam nju, sedeći kraj prozora, zatim bismo jele i odlazile u šetnju pred spavanje. Ja sam spavala na izuzetno širokom divanu, na platnenim čaršavima.

Malo-malo, Nina Nikolajevna davala mi je poklone: otišle smo u prodavnicu i kupile dve cicane haljine većeg broja, računajući na porast težine; ona mi je takođe, kupila spavaćice, sandale – za moje svakim danom sve otečenije noge i tako dalje.

Zaista nikada – ni pre ni posle – nisam se osećala tako srećnom. Potpuno sjedinjenje duša upotpunjavala je činjenica da je ona volela viceve, ja sam takođe volela da se nasmejem, i mi smo se uvek iskreno smejale, radujući se svakom povodu za to.

Nina Nikolajevna priznala je, da bi joj bez mene bilo dosadno, da moj zvonki glasić razvedrava njen usamljenički život. Ponekad smo nas dve pevale u duetu, veče se obično završavalo gledanjem televizijskog programa, a zatim bih se ja ispružila na platnenim čaršavima, pod zelenim svilenim pokrivačem.

Od Georgija, međutim, nije bilo nikakvih vesti; mi nismo znale kako teče njegova priprema za ispite i gde je on uopšte. Ja sam mu napisala u prisustvu Nine Nikolajevne nekoliko pisama, ali nisam dobila ni odgovor niti svoja pisma natrag sa naznakom „adresa promenjena".

Pošto nismo imale novih vesti, Nina Nikolajevna i ja provodile smo čitave sate u prežvakavanju starih podataka o Georgiju – pričale smo jedna drugoj o njegovom detinjstvu, o kojem ja nisam znala ništa manje ako ne i više od nje. Pričala sam Nini Nikolajevni ono što ona nije znala – o Georgijevom padu s krova kad je imao deset godina (on je to tada prećutao), o njegovoj prvoj ljubavi, zatim o kasnijim vremenima, o Georgijevom poslu, o njegovim pijateljima, navikama, odnosima sa rukovodstvom. Nina Nikolajevna volela je takve razgovore, brzo bi živnula i stalno tražila nove pojedinosti o našem zajedničkom životu, o podeli obaveza unutar naše porodice, o tome kako je Georgij primio vest o dolasku deteta. Pričala sam joj kako smo se ja i Georgij upoznali na zabavi u našem institutu, i tom prilikom su me njih dvojica pratili – on i moj poznanik („Kakav poznanik?") sve do studentskog doma („A gde je sada taj poznanik?"). Ja sam sve shvatala, shvatala sam da ona upoređuje datume – ona je tražila datume – i imena i događaje, kako bi se uverila da ja zaista nosim pod srcem Georgijevog sina, njenog unuka, a ne dete nekog drugog mog udvarača, koji me je isto tako pratio noću, zatim nestao, a Georgij treba da ispašta. Mene su, iskreno govoreći, čak raznaživala ta naivna saslušanja, te sasvim otvorene sumnje – jer to mi je još jasnije govorilo tada koliko se ona plaši da se prevari u svojim nadanjima, kako gaji i čuva san o svom budućem unuku!

Kod onog, svog prvog unuka, Nina Nikolajevna odlazila je jednom nedeljno sa slatkišima, išla je kod njega u vikendicu, i meni se dopadao taj običaj, to nezaboravljanje, to ispunjavanje duga prema detetu, koje nije krivo ni za šta. Ja sam je čak nekoliko puta molila da me povede, ali ona bi postala neobično stroga i u trenutku mi pokazala moje mesto nekim jednostavnim ali nemilosrdnim rečima: bilo je očigledno da ona isto tako ima svoj poseban svet, drugačiji od sveta odnosa sa mnom – isto kao i Georgij; taj njen svet, u koji ja nisam imala pristup, postepeno se, neprimetno ali i nezaustavljivo formirao kod nje i ona je počela da ga revnosno čuva od mojih upada, a ja sam, opet, predavši se sva, ostala bez ičega. Ona je vodila s nekim međugradske telefonske razgovore i nije mi govorila sa kim. Odlazila je na po čitavo veče, ne ostavivši mi ključ. Naši večernji razgovori postali su neravnopravni, sada sam ja pitala, ja sam pričala, ja sam hvalila stas Nine Nikolajevne, ja sam njoj dolivala pavlaku, a ona je govorila: „Ja sam domaćica, ja sam kuvala, ja ću sada da uzmem, a ti se, evo, posluži."

Na koji način se desila ta metamorfoza nije mi poznato. Odjednom sam stekla utisak da se ona uzdigla visoko iznad mene, da se nadnela nada mnom poput planine, otežavajući sve moje pokrete. Ja sam se sada sa trudom kretala po njenoj sobi, sa trudom sam govorila sa njom. Sve ju je nerviralo, ponekad mi čak nije odgovarala na pitanja.

Međutim, ta situacija, koju sam već jednom doživela, bila je za mene poznata zamka, poznata mreža – iako, ponavljam, ona nije bila ni zamka ni mreža, nego nepromenjivo ubitačna situacija za mene, u ovom slučaju još ubitačnija nego pre, pošto sam u slučaju s Georgijem, imala ispred sebe svetlu nadu u njegovu majku, u njenu plemenitost, ako dođe do toga da se nađem u bezizlaznom položaju.

Nastavljala sam svoje dvosmisleno životarenje u stanu Nine Nikolajevne, jer nisam imala kuda da idem. Tetka sa stanice kod koje sam svratila, posavetovala me je da se držim onoga što imam, pošto mi sa detetom niko neće izdati sobu.

Počela sam da odlazim na takozvanu „berzu" – tamo gde se okupljaju vlasnici stanova i budući stanari. Približavala se jesen, Georgij je već odavno doputovao, to sam osećala, fizički sam osećala da je on ovde, iako nije dolazio svojoj majci, a ona je bila sve bešnja. Odjednom, kao da je oslobodila sebe svih mogućih obaveza, počela je da govori o nekoj prijateljici i njenim ćerkama koje će joj doći u goste, a posle toga ona će k njima da otputuje, i stan će biti zaključan – komšije nisu u gradu, oni su joj poverili stan, i niko neće dozvoliti da u stanu živi strana osoba koja nema veze ni sa čim.

Ja sam joj predložila da popričamo o svemu, otvoreno. Ona je rekla da je sve i tako dovoljno otvoreno i da nije lepo pripisivati tuđe dete čoveku koji nije ni kriv ni dužan za to, s obzirom da je bilo kojekakvih odlazaka na ples i praćenja do kuće.

Ja sam počela da se smejem, i na tome se razgovor završio. Moje stvari bile su iznesene u hodnik, Nina Nikolajevna zaključala se u svojoj sobi i ja sam provela noć u kuhinji. Ujutro je Nina Nikolajevna iznela moje stvari na stepenište.

Tako je završila moja avantura. Posle toga nema više ničeg zanimljivog – posle sam živela kod tetke sa stanice i odlazila na „berzu", prikrivajući odebljali struk mantilom, i na kraju neki šašavi tip, koji se spremao na Sever, izdao mi je svoju sobu maltene badava. Ne moram spominjati da se u sobi nalazio potpuno go krevet sa železnom mrežom i ja sam svoju prvu noć prespavla na novom mestu, prostrevši na mrežu mantil, srećna i bezbrižna, dok nije došlo vreme da ujutro idem u porodilište.

Na tome se završava taj period mog života, period koji se nikada više neće ponoviti, zahvaljujući jednostavnim trikovima koje sam usvojila. Nikada se neće ponoviti onaj period mog života kad sam tako verovala u sreću, tako jako volela i tako svima bezuslovno davala u ruke celu sebe, do najsitnijih iznutrica, kao nešto što nema nikakvu vrednost. Nikada se neće ponoviti taj period, kasnije su krenuli potpuno drugačiji periodi i drugi ljudi, kasnije već ide život moje ćerke, naše ćerke, koju ja i Georgij vaspitavamo kojekako i koju Georgij voli tako odano, kao što nikada nije voleo mene. Ali to me ne brine naročito, jer sada teče drugi period mog života, sasvim drugačiji, sasvim drugačiji.

I ETO VAM BRIGA

Da se sve dešava, dešava se, a onda kao da se okreće unatrag: Maša se u Moskvi razbolela posle abortusa, njen muž Ljonja Mitjajev trči tamo-amo, na posao, kući, u prodavnicu i još nekuda, a njihov sinčić živi kod dede i babe, kod istih onih Ivanovih iz Kišinjeva, kojima ona ista Ljuba namerava da poturi svoju ćerku Gajane preko raspusta. Tako da Ivanovi, iako od sveg srca žele da prime Gajane tokom praznika, oni imaju i sopstenu unuku Gajašečkinih godina, ali mali Sašenjka Mitjajev zahteva suviše mnogo snage od Ivanovih, stara Ivanova jednostavno je pala s nogu, toliko je Sašenjka nemiran: naravno, Maša je tamo u Moskvi po čitave dane sama sa njim, Sašenjka čas izlije čajnik u krevet i zbog toga dobije da ide na spavanje, Maša, pak, viče da će sad da uzme kaiš, ili Sašenjka dolazi – mamice, nemoj da me tučeš, neću nikada više, izrezao sam rupu u čaršavu da mogu da provučem glavu. Tako da Sašenjka sada pravi nered kod Ivanovih, pa ne mogu valjda da ne pomognu Maši u nevolji, rođenoj ćerki stare Ivanove i sestri Miše Ivanova, tim pre što kad se Miša razilazio sa svojom ženom Svetlanom, Maša je u potpunosti bila na Svetlaninoj strani, a sada je Svetlana, koja se ipak nije razišla s Mišom i ostala je u porodici Ivanovih – pa ona je u potpunosti na Mašinoj strani i mazi Sešenjku od jutra do mraka. Tim pre što najstariji unuk Ivanovih, Herbert, studira u Moskvi na fakultetu i živi kod istih tih Mitjajevih u raskošnom stanu sa keramičkim pločicama kao na starim holandskim pećima. Ali Herbert na praznike takođe dolazi u Kišinjev na odmor kući, i evo, procenite sami, kakva nastaje situacija: kod Ivanovih će biti Sašenjka Mitjajev, i unuk Herbert, i unuka Tanja, i još je pozvan dečak iz Moskve za školski raspust, ali srećom, majka je napisala da nemaju novaca, treba za put, za poklone, za hranu, ne možeš ga tek tako poslati. Tako da dečaka iz Moskve, srećom, neće biti, to je banjsko, letnje poznanstvo Ivanovih koje je preraslo u ljubav između dve porodice i putovanja iz Moskve u Kišinjev i obratno. Dečaka, srećom, neće biti, ionako je potpuna zbrka u stanu Ivanovih, a na sve to i Gajane. Miša, stariji sin Ivanovih, uvek se strašno raduje Gajane, on sa decom ide i na predstave, i na šarade, i u pozorište senki, a svi poslovi, prljavština i sudovi opet ostaju staroj Ivanovoj i Svetlani kojoj se od stalnog pranja i spremanja ogulila koža između prstiju, stoji golo meso, takav oblik alegrije ima. Deca će se zabavljati, Tanja i Gajane prikačiće se Miši, Herbert će dovoditi u kuću svoju bivšu školsku ekipu, a na sve to i Ljuba, kućna prijateljica, ubacuje Gajašečku, pravi frizuru, ide manikiru-pedikiru i sasvim ozbiljno namerava da otperja u Moskvu, i to kome? Opet onoj istoj strpljivoj Maši, bolesnoj posle abortusa, u njen stan s keramičkim pločicama, dakle tek što je otišao nećak Herbert i gde je u čast toga prašnjavo i prljavo, zato što jadna Maša odmara celim telom i jedva vuče noge po sobama, a Ljonja Mitjajev, njen muž, koji je pomahnitao od tuge za Sašenjkom i zbog prisustva pušača Herberta, svog nerođenog nećaka, taj Ljonja Mitjajev moraće da ide svojim kolima da dočekuje živahnu, veselu posle mnogih godina tuge Ljubu i da je, stisnuvši zube, vozi u svoj nesređeni porodični brlog, gde se vuče zelena Maša, koja je upozorila muža neka nađe ljubavnicu, šta je tu je, na šta je Ljonja odgovorio suzdržanim škrgutanjem, da se on oženio njome, a ne nekom tamo! Eto, u tu atmosferu đavo nosi Ljubu sa ofarbanom kosom, ona putuje s ciljem da se uda za jednog Mašinog – Ljonjinog poznanika, koga ona ne poznaje, ali koga joj je Maša opisala u trenutku dobrog raspoloženja pred odmor, kad su ona i Ljonja svratili u Kišinjev da ostave Sašenjku i krenu dalje u planine u alpinistički logor: Maša joj je rekla da se izvesni Isaakjan, magistar, razveo od žene, menja stan i viče da mu je u kući potrebna domaćica, a ne tamo neka, i on, doduše, nikoga ne traži, ali šta može biti bolje od Ljube – to je domaćica kakvih nema mnogo! Ljuba je oćutala i tek je u septembru postalo jasno da ona putuje za praznike kod Maše da se upozna s Isaakjanom, na svu sreću, putuje, zaista putuje, uverila je stara Ivanova svoju ćerku Mašu, a Maši nije ni do čega, ona je na izdisaju, a Ljonja je i inače protiv bilo kakvog braka, on samo poškrguće zubima na te reči, ali Ljuba već putuje. Nevažno je to što Isaakjan nije mislio ni o čemu sličnom, ona već putuje, ali ipak nije stigla, očigledno su je zadržale okolnosti: pretrpanost stana Ivanovih, gde nije bilo moguće ugurati još jedno dete, umor Ljonje Mitjajeva, Mašina bolest, neobičnost situacije i potpuna ravnodušnost Isaakjana prema tom projektu glupe Maše, koja je izlanula ni sama ne zna šta, raskopala Ljubine rane, rane ostavljene žene i majke ostavljene ćerke, i ne zna se šta je gore, tako da Gajane užasno zavidi Tanječki Ivanovih, zbog toga što ona ima tatu Mišu, a sada će gorko da plače zato što je nisu pustili za raspust kod Ivanovih, u njihovo toplo porodično gnezdo, a Ljuba će sa svojom frizurom i manikiranim rukama takođe gorko plakati u duši, zato što je ipak nisu pustili u Moskvu, u raj, gde ne bi morala svaki dan da misli o jednoj istoj stvari, gde bi imala raskošan život i poznanstvo sa izvesnim Isaakjanom i mogla di da zaboravi kako je umrla njena druga ćerka, sat posle rođenja, i kako su mužu dosadile sve te bolesti, smrti i brige, i ako je pobegao i otišao nekoj razvratnici, nije čekao da se završi period užasa i Ljuba izađe iz bolnice da plače na njegovim grudima, nego je uhvatio i odjednom sve prekinuo.

Ali ni tamo neće uspeti da pobegne, svejedno će umirati, i njegova žena će umreti, i eto vam briga.

KAO ŠTO PADA KIŠA

Postoje tajne okolnosti koje nikako ne uspevaju da isplivaju na površinu, postanu poznate, dobiju pravo na postojanje. Drugim rečima, u svakoj grupi poznanika obavezno će se naći par ljudi – možda dalekih jedno drugome, muž neke Tome i neka susetka Tomine prijateljice, po imenu Nataša; Tomin muž i njemu nepoznata Nataša strpljivo čekaju svoj čas, tavoreći u tišini i učmalosti, i u međuvremenu Tomin muž postepeno i polako stari, spava posle posla i vodi ćerku na časove muzike, a Nataša u međuvremenu raste, pati zbog svoje prve ljubavi negde tamo na Metalurškom fakultetu, zatim polako i smireno počinje da shvata da je mnogo toga već prošlo i neće se vratiti.

A Toma i Tomin muž i svi Tomini prijatelji okupljaju se svaki čas na sitnim porodičnim slavljima i Tomina prijateljica takođe dolazi na ta porodična slavlja. Tu se svi ti jedni drugima poznati ljudi zabavljaju po jednom zauvek ustanovljenom kanonu, i Tomina prijateljica vraća se kući, gde u susednoj sobi nepokolebljivo sedi nad knjigom ta Nataša i čak i ne pita šta je i kako je bilo.

Nataša savršeno dobro zna da je se cimerkino društvo ni na koji način ne tiče, da tamo teče neki tuđi život, tuđi praznici i tuđi događaji, tako da i sama Nataša, ponekad odlazi iz kuće subotom uveče i dolazi kući kao da se ništa nije desilo, iako se često ispostavlja da cimerke ipak još uvek nema, i Nataša ponovo sedi sa knjigom. I tako teku te dve paralelne reke života, dok se jednom u prodavnici Nataša i njena cimerka ne sretnu oči u oči s Tominim mužem koji nosi mrežu sa flašama i obradovano uzvikuje: „Gle, gde sam vas pronašao!" Kroz razgovor se provlači da je tih dana Tominom mužu rođendan, otuda i mreža s flašama. Nataša čeka kada će moći da krene dalje, i tad joj Tomin muž ljubazno kaže da dođe i ona: „Dođite i vi!" Nataša pristaje, ona bez kolebanja ide svuda kud je pozovu, rođendan – rođendan.

Tako da Nataša sutradan aktivno učestvuje u pripremama za slavlje, kupuje u svoje ime neki čisto muški poklon, i obe, ona i cimerka, spremne su već u šest uveče i kreću, potpuno uparađene, da stignu prve.

Zatim Nataša posmatra po redu ceo taj ritual, sve te tihe razgovore pre početka slavlja, uz miris patke, koja još uvek stoji u rerni. Nataša uredno jede svoju porciju i sluša razgovor za stolom koji joj i nije baš tako nepoznat, pošto su svi ti ljudi na potpuno isti način razgovarali za stolom i kod nje u stanu, na malim porodičnim slavljima povodom cimerkinog rođendana, dok je Nataša za to vreme vršila dužnost – „donesi – uzmi – operi tanjire".

Ali sada je sve drugačije, sada jedan od prisutnih odmiče svoju stolicu od stola, seda drugačije i kaže: „Oprostite mi, Nataša, slučajno sam vam okrenuo leđa."

Zatim se dešava sve kao i obično, Toma u deset sati uveče ode da uspava ćerku i ne vraća se, mladi Orlov odlazi u kuhinju da raspravlja odnose sa svojom draganom, Natašina cimerka krenula je da isprati njoj dragog gosta – i oko jedanaest sati u opusteloj sobi Nataša je ostala sama pored gramofona i sluša ploče, i prilazi joj Tomin muž i gladi je po glavi. „Ostavite me na miru" – kaže Nataša – „ne volim pijane ljude." – „Ja nisam pijan" – mrmlja Tomin muž – „Nataša, Nataša." – „Ne, ne volim pijane ljude" – uporno ponavlja Nataša – „kad skaču na sve što im dođe pod ruku."

Ova suluda scena s Tominim mužem ima i svoj nastavak, iako sva suludost i neverovatnost novog ponašanja Tominog muža i Natašinog novog položaja već ne tište toliko Natašu, ona kao da je sve zaboravila u trenutku kad svi izlaze iz zgrade na hladnu ulicu – potpuno pijani mladi Orlov koji je savladan u završnici rasprave u kuhinji i sada besno škrguće zubima, sama zbunjena Nataša i Tomin muž koji ljubazno pridržava Orlova.

Oni vode Orlova prema taksi stanici, ali taj ludak iznenada se otima i izjavljuje da je on dužan da isprati Natašu. On bukvalno puca od viteštva, nipošto ne želi da sedne u kola, škrguće zubima i, odlazeći, iz nekog razloga baca rublju kroz prozor, tako da Nataša jedva stiže da mu proturi tu rublju natrag. I taksi odvozi mladog Orlova u daljinu, a Nataša i Tomin muž, zbliženi tom upornom borbom koju su vodili s Orlovim, ne dogovarajući se, odjednom ostaju sami na ulici, i sve počinje neumitno da klizi ka završnoj epizodi tog dana kad Nataša stoji na stepeništu, a Tomin muž još govori da će se to svejedno desiti, kao što pada kiša ili sneg, i odjednom ljubi Natašino koleno.

I to su bile jedine lepe reči između njih za mnogo godina unapred, ali Nataša uopšte nije obratila pažnju da su upravo to bile lepe reči, kao što kasnije nije obraćala pažnju na zaista mnogo toga, i na to što joj je on jednom rekao da je voleti se – jedno, a imati dete – sasvim drugo. Ali sve njegove reči i postupci – sve to kao da je padalo u provaliju, nestajalo bez traga, dospevalo na kamenjar i nikako nije uspevalo, zato je Nataši bilo svejedno šta se i kako govori i šta se s njom dešava. Ona je, u izvesnom smislu, digla ruke od sebe u toj situaciji, potpuno zaboravila na sebe, i jedina njena briga tokom svih tih godina bila je da se sačuva njena tajna, i Nataša nikada nikome nije rekla ni reč o tome, i Tomin muž je, podrazumeva se, ćutao, i čak kada se sve to prekinulo, niko ništa nije saznao, ni ono što se govorilo, ni to ko je plakao i ko je tada rekao: „Ja, verovatno, nisam sposoban da dugo volim." Uostalom, niko nije ni planirao da se to završi nečim ozbiljnim, nekim katastrofama i promenama života, i spajanjem dvaju zaljubljenih srdaca; od samog početka niko ništa slično nije planirao, i tu nije trebalo da postoji ni tračak nade, čak ni tračak nade da će iko ikada saznati da je Nataša imala ljubav.

Ipak, ponekad nešto probije kod Nataše i u takvim slučajevima ona kaže da je imala, imala je nešto, ali samo iz zdravstvenih razloga, i da joj je dosadilo da sama sve organizuje i odlučila je da završi sa tim.

SMISAO ŽIVOTA

Jedan lekar počeo je da leči sam sebe i doterao dotle da mu je, umesto samog malog prsta, postalo neosetljivo celo stopalo, i deset godina kasnije našao se na uzdignutom ležaju u odvojenoj sobi sa dva aparata, od kojih je jedan stalno ritmički otkucavao dajući mu veštačko disanje. Sada se sve odvijalo bez učešća pacijenata, pošto je on bio potpuno nepokretan, čak nije mogao ni da govori, pošto su se njegova pluća snabdevala kiseonikom kroz cevi, zaobilazeći usta. Zamislite to stanje i punu svest jednog lekara, koji je morao sam da leži čitave godine, ništa ne osećajući. Čitava besmrtnost muškarca u tridesetosmoj, u najboljim godinama, koji je spolja izgledao kao rumeni desetar, sa belim iskolačenim očima, ali njemu ionako niko nije donosio ogledalo, čak ni kad su ga brijali. Uostalom mimika mu se nije očuvala, njegovo lice, kao ošureno, ukočilo se u trenutku gušenja, jednom zauvek on se zaustavio, užasnuto otvoriviši oči, i brijanje je bilo čitav posao za sestrice koje su izolovano dežurale kraj njega po dvadeset četiri sata. One ga nisu ni gledale, u toku je bio veliki eksperiment očuvanja života uz pomoć veštačkih metalnih pluća koja su udarala svakog sekunda – a bolesnikove uši radile su punom snagom, on je čuo sve i mislio ko zna šta. Na kraju krajeva, bilo je moguće uključiti mu čak njegov vlastiti glas začepljivanjem cevi, ali kad bi mu začepili tu cev on je užasno psovao, a cev se obično najbrže mogla začepiti prstom i prst je sam od sebe odskakivao od te bujice vulgarnih psovki, koja je tekla iz nežnih usta, praćena lupanjem i šištanjem disanja. Ponekad, jednom godišnje, dolazila mu je u posetu žena sa ćerkom iz Lenjingrada, i ona je najčešće slušala njegove mrtve psovke i plakala. Žena je donosila slatkiš, on ga je jeo, žena je brijala muža, pričala mu o rodbini i događajima koji su se desili tokom protekle godine, i možda je on tražio da ga dokrajče, dokle više. Žena je plakala i, po uobičajenom ritualu pitala, pred njim lekare kad će se oporaviti, a lekara je bio čitav tim: na primer, Korejanaka Hvana, koja je već imala preliminarnu odbranu magistrature na materijalu susedne sobe, gde je ležalo četvoro njenih pacijenata obolelih od encefalitisa, četiri žene sa lošom perspektivom, zatim je u timu bio starčić-profesor, koji je zapao u dečaštvo i obavezno pregledajući svaku pacijentkinju, stavljao ruku na njen Venerin breg, a on je pregledao takođe i drugu sobu, gde je ležala druga četvorka, ovaj put mladih devojaka obolelih od poliomielitisa. On ih je na taj način tobože bodrio, ali one nisu ništa osećale, jadnice, samo su ponekad plakale, jedna za drugom. Odjednom se grčevito rasplače, i bolničarka već tromo ustaje sa tabureta i odlazi po noćnu posudu, krpe i vrč, da pere, čisti i presvlači. Čistoća je vladala u toj bolnici, osloncu instituta za neurologiju, čistoća i red, a oboleli od encefalitisa lutali su poput senki i dolazili kod živog leša na prag, užasavajući se i uzmičući pred pogledom iskolačenih u jednu tačku očiju, isti ti bolesnici ponekad su sedeli u sobi nepokretnih devojaka, gde su nežnim glasovima pričali viceve, i gde su ležale na jastucima glave u zvanju anđela sa oreolom od kose na čaršavima. A ponekad su oboleli od encefalitisa išli kod dece, u najveseliju sobu, gde su jurili u krug mališani sa izgubljenim pokretima ruku, a za njima su skakutala deca-invalidi vukući nogu. Tamo je od sanjara o sopstvenom ubistvu prelazio veliki tim lekara, tamo su letele šale, tamo je vladala nada u bolju budućnost, a bivši lekar ostajao je sam na svom medicinskom položaju, na ležaju, i s vremenom su ga čak prestali pitati kako se oseća, izbegavali su da mu začepljavaju cev, da ne čuju šišteće psovke. Možda bi neko, ako sačeka malo duže, začuo i molbe, i plač, a zatim i misli stvorenja koje se nalazilo u čisto duhovnom svetu, koje nije osećalo svoje telo, bol, nikakve tegobe, nego samo svemirsku tugu, patnju besmrtne na neki način duše čoveka koji nije slobodan da nestane. Ali niko se tim nije bavio, a i njegove misli bile su uvek jedne te iste: pustite me da umrem, gadovi, đubrad, i tako dalje, do šištećeg krika, neka neko razbije aparat, gamad jedna, i tako dalje. Razume se, sve je to bilo pre prve velike havarije na električnoj mreži, ali lekari su za takav slučaj imali i nezavisno električno napajanje, uostalom, sama činjenica postojanja takvog pacijenta bila je pobeda medicine nad smrću čoveka, a i nije on bio jedini koji je primao veštačko disanje, pored njega su bili i drugi pacijenti, između ostalih i umiruća deca. Čuli su se glasovi bolničarki da su Jevstifejeva razmazili, trebalo je da leži na zajedničkom otpadu, gde aparat ne može da se dobije ni za suvo zlato, pa bi se borio za život, za gutljaj vazduha, kao i svi mi, grešnici. I eto vam, što bi se reklo, zadatak o smislu života.

MILGROM

Mlada devojka prvi put u životu šije sebi haljinu, kupila je tri metra jeftinog, za rublju i nešto po metru, ali izuzetno lepog sintetičkog materijala, crnog sa šarenim tufnama, kao neki noćni karneval.

Ta devojka siromašna je studentkinja, to je jedno. Drugo, ona se upravo ispilila iz školske ljuske u bukvalnom smislu reči: na ruševinama stare smeđe školske haljine-kecelje napravljena je suknja, ispalo je nakazno, nakrivo i nakoso, ali sa haljinom je završeno.

Ali takva suknja nije za proleće, napolju je maj hiljadu devetsto čupave godine, vrlo proleće i ona nema šta da obuče.

Treće, studentkinja je, znojeći se nad stranicom „Šijemo sami" iz ženskog časopisa (obim grudi, nekakva polovina prednje strane, itd), pokušavala da skroji sebi haljinu i doživela potpuni krah.

Propala je haljina, trud i 3 r. i nešto para, a stipendija je 23 rublje.

Tu u toku događaja sigurnim korakom stupa mama, ona je čitavog života sve šila kod krojačice, dok nisu došla teška vremena, devojka ima 18 godina i završeno je s alimentacijom.

Tako je krojačica otpala, majka sama razmišlja šta da se radi, ali se javlja problem: nema para.

Nema para, devojci je osamnaest godina, napolju je vreli maj, kakav nailazi jednom u sto godina, ispiti, a ćerka leži bukvalno iza ormara (tamo joj stoji drveni ležaj) i plače, cvili.

Mama telefonira svojoj mudroj starijoj prijateljici Regini, jevrejskoj Poljakinji iz plemena novih moskovskih žena Treće internacionale, cela ta Komunistička internacionala je tridesetih godina tajno pobegla iz svojih zemalja, iz ilegale, preko mora i planina u SSSR, poženila se i poudavala u Moskvi, boraveći u emigraciji, a zatim s logorskom prašinom otišla u nebo, a Regina se, izdržavši izgnanstvo u Karagandi, vratila kao pobednica, dobila je svoj stari stan u ulici Gorkog, i studentkinjina majka, koja se takođe mnogo čega nagledala tokom života, u želji da se nauči pameti, zalepila se za nju, kao za bivšu prijateljicu svoje majke, koju takođe očekuju ovog proleća iz dalekih krajeva.

Regina se uvek odevala sa varšavskom elegancijom, imala je kavaljere u svojoj šezdesetoj i sada s razumevanjem sluša izbezumljenu studentkinjinu majku.

Regina ima stalnu kućnu pomoćnicu Rivu Milgrom, Regina je evropska dama, ima bele, punačke ruke, poput kraljice, u njenoj kući vlada čvrst red i dolazi joj Milgrom.

Tako je zovu, Milgrom, po partijskom običaju, samo prezime. Dakle, Milgrom ima šivaću mašinu „Singer" i devojka sa zavežljajem ide kod nje po vrućini u riđoj vunenoj suknji poznatog porekla (mama je nosila haljinu, iznosila je do te mere da su se pojavili žuti polumeseci ispod miške, ćerka je bila prinuđena da ide u školu, nemajući mogućnosti da digne ruku, uvek sa laktovima uz telo, na paklenim mukama, najzad je gornji deo s otvorenim podmiškama bio odsečen i bačen, mada je mama bila protiv, mogao bi se napraviti prsluk, ali dete je odjurilo do kanala za smeće i bacilo ga, zato je ostala nakazna suknja u kojoj i idemo sada nakrivo i nakoso po majskoj vrućini).

Preko suknje, da bi se sakrio nesretni, pogrešnim koncem kojekako ušiveni sečeni deo, a i ruke rastu iz pogrešnog mesta – preko suknje je obukla majčinu bluzicu, isto tako s tamnim podmiškama, i opet mora da drži laktove uz telo.

Studentkinja ide kao regrut, spuštene glave, i posmatrajući svoje zelene zimske cipele s debelim đonom, ruke uz telo, a oko nje su već Patrijaršijski ribnjaci, tačnije, zgrade iznad ribnjaka, miriše nežno majsko zelenilo, pored promiču mladi ljudi i idu ponosne devojke u letnjim haljinicama.

Milgrom dočekjuje mušteriju u svojoj sobici negde gore, pod vrelim moskovskim nebom, negde, maltene, na tavanu, krotka Milgrom, velike vlažne oči, veoma bela koža i potpuno odsustvo zuba, nos joj visi, ali zato joj je brada isturena napred, kao novčanik, po izgledu, Milgrom je već starica.

Otvorena je šivaća mašina, seva metar, i krotka Milgrom započinje dugačku priču (a za to vreme zapisuje isti onaj obim grudi) o svom sinčiću, lepotanu Sašenjki.

Ispostavlja se da je Sašenjka bio tako lep da su se ljudi na ulici zaustavljali, i jednom su ga čak fotografisali za kutiju od bombonjere.

Devojka vidi na zidu fotografiju koju joj prstom pokazuje Milgrom, ništa posebno, mali dečak u mornarskoj majici, velike crne oči, tanak prefinjen nos, gornja usna, poput štita, malo isturena. Dirljivi kovrdžavi dečak, ali ništa više od toga. Usne su mu isuviše tanke za anđelčića, usta su mu na Milgrom.

U to vreme, devojka ne samo da ne razmišlja o detetu nego nema ni prijatelja, udvarača, kavaljera, bez obzira na ubedljivih osamnaest godina.

Samo nauka, ispiti, biblioteka, menza, grube zelene cipele i smeđa vunena haljina s ofucanim maminim podmiškama, sramota je i da kaže.

Devojka ravnodušno gleda na zid i vidi još jedan portret, uvećanu fotografiju očigledno za pasoš, pošto ima oznaku u ćošku, portret kržljavog oficirčića s ogromnom kapom.

To je isto on, Sašenjka, već je porastao, dok su merile obim struka, dok su zapisivale i kritički gledale na isečene ukrivo i ukoso komade materijala za rubalj i dvadeset, i Sašenjka se već oženio i Milgrom ima unuku – Asju.

Zatim Milgrom teši studentkinju, da nije samo ona tako trapava, da je i ona, Milgrom, u mladisti bila nevešta, ništa nije umela, ni kajganu, ni supu da napravi, ni pelene da porubi, a onda je naučila: život ju je naučio.

Na određenom stadijumu dugačke i hvalisave priče o Sašenjki treba već i da se krene, a haljina će ostati i biće završena sutra.

Kroz tri dana devojka koja se plaši da izađe na ulicu u svojoj jezivoj odeći i ne ume dobro ni da opere, niti da ispegla, niti da ušije, oči pune suza i ležanje sa knjigom, najzad se sprema da ide kod Milgrom i kaže majci: idem kod Milgrom.

– Ona je nesrećna – odaziva se mati – ima tako nesrećan život, ta Milgrom! Muž ju je bukvalno ostavio mladu, oduzeo joj dete, malo dete i nije joj dozvoljavao da ga viđa; odnosno, kako ju je ostavio: prvo ju je odveo iz bukvalno litvanskog sela, u šesnaestoj godini, ona je bila izuzetno lepa, ali ruski nije govorila, samo jevrejski i poljski, a zatim se razveo od nje, tada je to bilo moguće, sloboda, odeš i razvedeš se. I doveo je sebi u sobu drugu ženu, a Milgrom je rekao da ode, i ona je otišla. Imala je osamnaest godina. Samo što nije poludela, cele dane, čak i noći, provodila je na ulici pod svojim bivšim prozorom, kako bi videla dete, a Regina ju je našla. Milgrom je već ležala na bulevaru, sva crna, a Regina se borila za sve potlačene. Smestila ju je u bolnicu, zatim je uzela sebi kao kućnu pomoćnicu, Milgrom je spavala kod nje u hodniku. Zatim, kad su Reginu uhapsili, Milgrom se zaposlila u fabrici konfekcije, kao učenica, zaradila neki sitniš za penziju i eto, dali su joj sobicu.

Devojka rasejano sluša, zatim odlazi kod Milgrom ne udubljujući se u informaciju, i vidi istu sobicu pod krovom, gde slatkasti miris starih vunenih stvari bukvalno guši za vreme vrućine.

Sve se topi u zracima vrelog sutona, Milgrom vadi šolje, donosi iz kuhinje čajnik, i one piju čaj sa crnim slanim dvopekom, luksuzom sirotinje.

Milgrom opet hvalisavo priča o sinu Sašenjki, njeno ozareno lice, okrenuto je prema zidu gde vise dve fotografije, međutim, ako je mama tačno govorila, odakle Milgrom fotografije?

Odrasli Sašenjka gleda sa zida zatvoreno, hladno, računajući na oficirski dokument, kapa štrči poput sedla nad velikim crnim očima, ovde on već veoma liči na majku.

Kakvim li je suzama, kakvim rečima, Milgrom iznudila od svog Sašenjke da joj pokloni snimke?

Milgrom srećno uzdiše ispod svog zida plača, a zatim radosno saopštava da je Asenjki već ispao prvi zubić: i kod Milgrom je sve kao i kod drugih.

Devojka oblači haljinu, gleda se u ogledalu, izlazi iz slatkasto-ustajalog mirisa napolje, na vazduh, u suton, prolazi pored mnogobrojnih prozora i ulaza, gde, kako joj se čini, stanuju same Milgrom, ide u novoj prohladnoj, crnoj haljini, i sreća je obuzima. Ona je ispunjena radošću, i Milgrom je ispunjena radošću zbog svog Sašenjke.

Devojka je na samom početku puta, kreće se u novoj haljini, već je gledaju itd., kroz pet godina pred njenim vratima pojaviće se dečak sa žbunom ruža, negde ih je noću nabrao – a Milgrom je sasvim sigurno na kraju, ali može doći vreme i devojka će se pojaviti na kraju Male Brone sa potpuno drugačijim izgledom, nosiće u tašni fotografiju svog odraslog sina i hvalisavo pričati o njemu na klupi kraj Patrijaršijskih ribnjaka i neće se usuđivati da mu previše često telefonira, a on sam nema vremena.

Crna haljina promiče u svetloj majskoj Maloj Broni pri punoj svetlosti zalazećeg sunca, i evo, gotovo je, dan je dogoreo, Milgrom, večna Milgrom, u staračkoj sobici među starim vunenim stvarima sedi kao čuvar u muzeju svog života, u kojem nema ničeg osim bojažljive ljubavi.

O, SREĆO

Dve mlade žene mislile su za sebe da su već starice (22 godine), i jedna je bila kao Brižit Bardo, ruska, crnpurasta verzija, sve kako treba, i momci je gledaju značajno, a druga je bila prijateljica prirepak, odana, puna ljubavi, zmija, koja je obožavala svoju Marusju do te mere da se usput zaljubila i u njenog momka Boba, i ponekad su oni utroje išli kod nekoga u goste, kod Bobovih poznanika slikara i pesnika, crnpurasta Marusja, visoka kao trska, oči – reflektori, kad pogleda – osvetli, a pored nje otvoreno-ljubazni Bob, takođe mršav i visok, san mnogih devojaka; ruke poput bičeva, oči upale, zubi vučji, kad se smeje, veliki, beli i oštri.

I odmah uz njih uvek ta neprimetna, kako ona misli o sebi, iako ni ona nije mačji kašalj, na bilo kom drugom mestu, ali ne pored njih, tu sve ide do đavola, gleda u svoju Marusju i misli: svi gledaju samo u nju, i u pravu su.

I šta čovek da radi u takvoj situaciji, kad su se snovi, evo, ostvarili: poveli su je sa sobom u goste u takvu kuću, ljudi slave Prvi maj, drnda gitara (uskoro će je tresnuti o ćošak), pesnici recituju u mračnoj spavaćoj sobi uz sveću, motaju se bradati Hemingveji u džemperima, slikari i pisci, ali nijedan nije potreban, i uopšte ništa nije potrebno toj sirotici, ona stoji sa čašom suvog vina pored polica za knjige i nervira se, a Marusja i Bob otišli su da popuše na balkonu, tamo u daljini vidi se noćna Moskva: u toku su rane šezdesete, uskoro će mnoge pohapsiti, mnoge od ovih koji ovde slave, počeće logori, izgnanstva, pretresi, emigracija, ilegala u obliku ložionica, dispečerskih kancelarija u bolnicama i čuvarskih sobica sa telefonom i drvenim ležajem – ukratko, sve će se razleteti.

Možda je to vrhunac njihove mladosti, kulminacija njihove sreće: možda će svako od njih, kasnije, sedeći negde u Parizu, ili radeći u logorskim radionicama za šivenje nepromočivih rukavica ili za pletenje mreža za krompir – svi će se sećati ovog čudnog prvomajskog slavlja u stanu Litvinovih, polomljene gitare (niko nije ništa ni otpevao) i isto tako polomlenog hula-hopa, to inostrano čudo bilo je uništeno od strane jednog pijanog stručnjaka za savijanje potkova: opa!

Potpuna usamljenost u tom stanu punom ljudi, može da zapali cigaretu, može da uzme časopis *Kobieta i zycie* (Poljska), ali neizdrživa je tuga za Marusjom i Bobom, koji su zaboravili na nju i tiho se smejali na balkonu, zapljusnuti majskim noćnim povetarcem u gomili drugih pušača.

Namerno nije pošla, ostala je tu da se oslobodi te opsesije, možda će neko prići i skrenuti joj pažnju, popričati s njom, ali niko ne prilazi, svi tumaraju sa otupelim izrazom, sedaju pravo na pod, kuhinja je dupke puna, u spavaćoj sobi isto ne može da se prođe, tamo su Sapgir, Holjin i Seva Nekrasov, pesnici, tamo je mladi Kropivniciki.

I naša devojka, plavuša s velikim očima, bleda kao smrt (zna se zašto), starica od dvadeset dve godine sa zaustavljenim pogledom gleda pored balkona, njoj nema ni razloga prilaziti, sve joj piše na licu, ljubav, ljubomora, povređenost: otići, otići, razmišlja ta plava u sebi, treba otići jednom zauvek, ali ne odlazi.

Voljena prijateljica vraća se s balkona, blago se podsmeva našoj sirotici, kaže: „Kako je dosadno ovde", kaže: „danas dobro izgledaš, svi te gledaju, obrati pažnju", i mučenica se ozaruje, njena bezumna ljubav prema to dvoje (a Bob je zaista sa nekim bradatim divljakom i daje mu cigaretu, i da zapali, to je slikar Zverev, koliko li je njemu ostalo da živi, ali poživeće on još kod svoje stare Asejeve, koju on, svi to znaju, nežno zove nekako poput „bizdulja"), bezumna ljubav prema Bobu i osećanje da bez Marusje ne može da živi, Marusja je lepotica i pamti čitave stupce iz engleskog rečnika, čak se i sama plaši i baca rečnik pod krevet.

Ali nije to važno. Marusja je sveopšta majka, prema svima je popustljiva, nežna, ona sama sebi šije i veze, i mama joj je isto tako divna, isto tako je dobra prema svima – kako samo plavuša voli Marusjinu mamu, kako je voli!

Marusja stoji kraj police za knjige i ne zna da će njena mama umreti kroz dve godine, i Marusja će odmah posle sahrane roditi nedonošenog sinčića, ali ne od Boba.

Boba tada neće biti na njenom horizontu, njega odavno nema, on je ostavio Marusju čim je zatrudnela, iako je ispoljio brigu, sam je nabavio ampulu i dao joj injekciju, bilo je to strašno veče uz stonu lampu, sve je prošlo bez bolnice, bez abortusa, niko ništa nije saznao, ni kod kuće, ni na Filološkom, ali sve će to imati dalekosežne posledice za Marusjenjku, tumor, operaciju, težak porođaj itd.

Kad je on rekao Marusji, jednom je došao i rekao joj sa svojim poznatim osmehom, da veoma žali, ali između njih je završeno – ona samo što se nije ubila, pošla je da isprati Boba do njegovog ulaza i kad se vraćala zakoračila je pod auto, zatvorivši oči, ali on je, kako se ispostavilo, išao za njom i spasao je, obuhvatio je rukama, odveo je njenoj kući, kresnuo, ali kroz sat vremena ipak je otišao sa svojim vučjim smeškom: njegov život je, po svemu sudeći, već tekao u drugim svetovima, kako se kasnije pokazalo, išao je u susret svojoj propasti.

Kako se kasnije pokazalo, on je negde pre toga vešto ukrao sa međunarodne poligrafske izložbe monografiju Boša, to je bila vrsta sporta; zbog toga je bio izbačen sa svog Arhitektonskog fakulteta, i to je upravo bilo vreme injekcije uz stonu lampu i rastanka – a onda je Bob, sasvim jednostavno, nikome ne rekavši ni reči, i čak namerno prekinuvši odnose s drugovima, bio regrutovan u vojsku sa treće godine i tamo se, u dalekim semipalatinskim stepama, ozračio na poligonu i vratio kući kao otpisani invalid, doduše bez dijagnoze „leukemija", tada se takve dijagnoze nisu izgovarale naglas.

Tako da kad je on kroz dve godine došao kući kod majke i očuha da umre od leukemije s mizernom penzijom, Marusenjka je već bila udata, trčala majci na onkološko, držala se junački i spremala za porođaj.

Bob i Marusja čuli su se telefonom.

Naša druga junakinja, plavuša, takođe se porodila te godine, tri meseca pre Marusenjke, bila je neočekivano za sebe srećna, i volela svog muža i sina, zaboravivši na sve ostalo na svetu.

Ona je znala od Marusje za sve peripetije, ali nije se odlučivala da nazove Boba – verovatno se mnogi nisu odlučivali da ga nazovu u to vreme, takva je ljudska psihologija, nekako je nezgodno telefonirati čoveku osuđenom na smrt: pa, kako si, šta radiš, a šta on treba da odgovori, postavlja se pitanje.

Stvar će se završiti tako što će njih dve, zagrlivši se, plakati na Bobovoj sahrani, kad kovčeg s njegovim nezamislivo omršavelim telom krene dole uz pogrebni harmonijum Donskog krematorijuma.

A sada Marusja stoji u stanu Litvinovih i ne zna da će na kraju sve njene rane zarasti, sve će prekriti topli pokrivač života, deca će se oporaviti, a njena sopstvena lepota ostaće uz nju, svima nepotrebna, pogotovo mužu, opasna, čulna lepota, mamac za autobuska poznanstva, za službene rođendane i avanture na službenim putovanjima i u odmaralištima.

A ona koja je onako patila i volela svoje divne prijatelje, Marusenjku i Boba, za ceo život zapamtiće onu toplu prvomajsku noć kad su sve troje išli, žurili da ne zatvore metro, Bob i Marusja i ona sa strane, i kako su se sa olakšanjem smejali otišavši iz dosadnog stana, a majska noć plovila je sa svim svojim zvezdama iznad reke Moskve, gore i dole isto tako, treperila su topla svetla, i imala je jaku želju da plače – od sreće, verovatno, od sreće.

JADNO PANJINO SRCE

Ja sam rodila dete prilično kasno, pre toga sam dugo ležala na takozvanoj patologiji, među ženama za koje se očekivalo da će imati poteškoće, i uzgred, ja nisam bila najstarija porodilja, tamo je bila jedna vremešna žena od četrdeset sedam godina, svi su je zvali baba Panja i pomalo joj se podsmevali, zbog njenog manira da se izražava naučno – „idem da ispustim mokraću". Baba Panja bila je gotovo nepismena fizička radnica, naborana, sa uskim lukavim očima, i ona je sve vreme koračala po našem kratkom hodniku pored soba, i čekala svoj trenutak, kao što smo ga sve mi čekale. Ali ispostavilo se da je ona čekala nešto sasvim drugo od onoga što smo čekale sve mi, trudne, napaćene žene, od kojih su neke preležale po sedam meseci nepokretno, samo da bi rodile dete. Pod prozorom su živahno vikali posetioci, mi smo ležale na I spratu uz otvoreni prozorčić ležale smo i slušale ih kako viču. Jedna žena mojih godina opet nije uspela, po ko zna koji put, odveli su je, i svi su mislili da će sve biti u redu, ali pod prozorom se uveče začula pijana vika: „Đubre, kujo... parazitkinjo... Upropastila si mi život, oh, kujo jedna, kud sam se s tobom spanđao..." To je vikao njen nesrećni muž koji je saznao, saznali smo i mi, da je ona opet rodila mrtvo dete.

Dakle tako, a baba Panja bila je od sasvim drugačije fele i čekala je nešto sasvim drugo od onog što smo mi čekale. Hodala je naokolo sa svojim opuštenim stomakom i čekala, kako se kasnije ispostavilo, da joj na osnovu njenih medicinskih nalaza, u njenoj već poodmakloj trudnoći, urade abortus, zbog toga se ona i nalazila ovde – već prilično dugo. Ona je objašnjavala da njen muž već pola godine leži zbog išijasa, on je stolar na gradilištu, nešto je podigao. Oni imaju troje dece, a i ona je sama prošle godine imala infarkt: dobila je visoku invalidnost – drugu grupu, a šta si oklevala, poželele su da uzviknu sve, ali nijedna nije uzviknula, zato što smo znale da su joj prvo postavili drugačiju dijagnozu, tumor, i tumor je rastao i rastao, sve dok se nije počeo pomerati i ritati nogicama, i tada je baba Panja, promuvavši se po rejonskom i oblasnom zavodu za zaštitu zdravlja, krenula sa svežnjem para u Moskvu da traži pravdu u ministarstvu i isterala je svoje, uporna duša, pošto je ona, sa njenim srcem, zaista mogla da umre na porođaju i ostavi troje siročadi. Ona je dugo obilazila razne instance, a stomak je rastao, već se nakupilo šest meseci ili blizu toga, i najzad su je smestili u taj naučnoistraživački institut gde smo mi boravile u očekivanju ishoda svoje sudbine. Baba Panja je dospela kod dobrog lekara Volođe, koji je upravo bio spasao život jednom udavljenom u majčinoj utrobi detetu, devojčici. On je ustima isisao sluz koja je začepila sve disajne kanale, i dete je kroz dve minute posle rođenja završtalo – takve su legende kružile o Volođi, i po hodnicima je svuda trčala i tražila ga majka te devočice, da mu preda skupi upaljač, ali ništa nije uradila i napustila je bolnicu neobavljena posla. I kružila je još jedna legenda, da je njegova sopstvena majka umrla na porođaju, i Volođa se zakleo da će postati lekar za porođaje, i postao je u skladu sa pozivom. I utoliko je veća kod svih bila zbunjenost i mržnja prema ni krivoj ni dužnoj baba Panji, pošto Volođa nije žurio da joj uradi abortus, nego je stalno dolazio kod nje u sobu, merio joj pritisak, proveravao nalaze, a baba Panja je i dalje čekala, i nije bilo jasno da li svi ti lekari nameravaju već čoveka da ubiju, čoveka u sedmom mesecu, ali baba Panja je odlučno čekala i ništa nije htela da čuje; ona je imala uput iz ministarstva, a kod kuće su je čekala deca i nepokretni muž u zavejanoj kućici na dalekom gradilištu hidroelektrane. Ispostavlja se da je baba Panja gradila hidroelektranu, tačnije, bila je čuvar i invalid i nejasno je od čega su svi ti ljudi živeli.

Vreme je teklo, prolazile su nedelje, ja sam najzad napustila odljenje patologije i preselila se u sobu za porodilje, najzad su mi doneli moje dete, i sve muke kao da su se završile, kad sam odjednom dobila groznicu i iskočio mi je gnojni čir na laktu. Odmah su me prebacili preko puta dvorišta na infektivno odeljenje, prelazila sam tamo po zimskom vremenu u nečijim gumenim čizmama na bosu nogu, u tri flanelska mantila preko spavaćice i sa peškirom na glavi, kao robijašica, a iza mene su nosili uvijeno u bolnički čaršav dete koje je takođe izbačeno, pošto se i ono razbolelo. Ja sam išla, lijući bespomoćne suze, vodili su me sa temperaturom, u neku kužnu baraku i razdvojili su me od deteta koje sam već počela da dojim, a zna se da, ako majka barem jednom nahrani dete, gotovo je, ona je već zauvek vezana za njega, i dete joj se ne sme oduzeti, jer ona može da umre. Takve su veze vezivale mene, dok sam išla u bolničkim čizmama na bosu nogu, i moje dete, koje su nosili iza mojih leđa u sivom čaršavu, sa pokrivenom glavom, a ono je ćutalo pod poklopcem i nije se micalo, kao da se skamenilo. U kužnoj baraci vrlo brzo su ga odneli, a moje muke nastavljale su se sada u sobi u kojoj su ležali infektivni bolesnici, neki s gnojnim čirevima, neki s temperaturom, i gde je ležala već i teta Panja, ispumpana, prazna, i uzimala ogromnu količinu lekova i za srce i protiv trovanja krvi, pošto su joj uradili abortus, rasekli stomak, ali šav se zagnojio: očigledno je sve u tom naučno-istraživačkom institutu bilo zaraženo. Ali teta Panja, ubica, i sama je sada bila na ivici smrti i izvlačila se s teškom mukom, i ja sam se izvlačila s teškom mukom, a porodilište su zatvorili radi renoviranja, zbog užasne inficiranosti stafilokokom. Pacijentkinje su govorile da ga treba spaliti, spaliti, ali kakva korist od te priče.

Ja sam plakala po ceo dan, morala sam da cedim mleko, da ne bi nestalo, ali ruke su mi bile zaražene, a u hodnik nas nisu puštali, nisam mogla da se umivam. Plašila sam se da ne zarazim mleko i molila da mi daju makar alkohola da protrljam ruke, jedno triput mi je setra donosila vatu, a onda je prestala, alkohola za ruke nikad dosta. Tetka Panja je bez reči slušala kako ja radim sa svojim prljavim rukama, ona je imala sopstvene brige o kojima treba da razmišlja, imala je visoku temperatutu koja nije padala, i najzad je došao doktor Volođa, ubica. Stavio je ruku na teta Penjino čelo, pregledao njen šav i zatražio da se donese led: teta Panji je došlo mleko za njeno ubijeno dete, i to je i bio razlog temperature.

Najzad, došlo je vreme, moje muke završile su se, i posle dugih pregovora doneli su mi dete, koje se za nadelju dana razdvojenosti odučilo da sisa. Jadno, mršavo, prozirno, ono nije moglo ništa da uradi, otvaralo je i zatvaralo usta a ja sam plakala nad njim dok je on vikao.

A ubica tetka Panja počela je da ustaje i hoda, držeći se za zid, zbog toga što se povela reč o njenom otpuštanju iz bolnice. Ona je objasnila da vežba, od stanice do gradilišta ima dvadeset kilometara peške, ali otpustili su je kroz dva dana, ne ulazeći u detalje, i ona je otišla sama, onako kako je mogla, na stanicu.

A moje dete je očvrslo, počelo živahno da sisa, i kroz dva dana je trebalo da izađemo napolje iz kužne barake, kad se iznenada nešto desilo.

U sobu su doveli novu pacijentkinju – visoka temperatura, nepoznata dijagnoza. Doveli su je i smestili u opustelu sobu, gde sam još samo ja čamila, čekajući naredno dojenje. Moja susetka je jako kašljala, na pitanja nije odgovarala i ja sam se odmah energično uputila kod dežurne dečje sestre i rekla da se tamo gde leži bolestan čovek ne sme donositi dete itd. Dobro, prestali su da ga donose, ali sada sam ja već znala gde ono leži, gde je njegova soba i stajala sam pred vratima, a ono je urlalo. Ono je bilo samo u dečjoj sobi, kao što sam ja bila sama u svojoj sobi, svakoj sobi pripadala je određena dečja soba, i ja sam sada znala da je to usamljeno cviljenje mog gladnog deteta, i stajala sam pred vratima.

I najednom se dobra medicinska sestra sažalila nada mnom i dala mi beli mantil, kapicu i masku od gaze i uvela me u dečju sobu da nahranim dete. Sela sam u ćošak da dojim moje drago dete, ono se istog časa smirilo, a ja sam počela da razgledam dečju sobu. To je bila čista prostorija sa četiri odeljka, u svakom od njih stajao je po jedan krevetac, u skladu s brojem ležaja u sobi za odrasle.

Svi kreveci bili su prazni – nova došljakinja se još nije bila porodila i samo je do zida stajao inkubator, masivna naprava, pokrivena prozirnim poklopcem i u inkubatoru je ležalo malo dete, mirno je spavalo, sklopivši oči, baš kao veliko. Ja sam dojila svoje, volela svoje, ali najednom me je prožela neverovatno sažaljenje prema tuđem.

To je očigledno bila devojčica, uredne uši, mirno, dražesno lice veličine omanje jabuke – dečaci se rađaju neskladni, već sam se nagledala, i samo devojčice dolaze na svet tako uredne i ljupke.

Upitala sam sestru koja je ušla: „Devojčica?" – ona je klimnula glavom i s ljubavlju rekla: „Već nam pije iz pipete."

Vratila sam se u sobu, prošlo je vreme dojenja, sutradan smo se ja i dete počistili iz te bolnice napolje, na slobodu, a mene i dalje muči pitanje: a da nije to ćerka teta Panje ležala tamo u inkubatoru? Jer to je bila naša dečja soba, i zašto je doktor Volođa toliko odugovlačio sa teta Panjom – da nije možda taj mučenik nauke želeo da pusti dete da napuni sedam meseci kako bi se moglo pravilno razvijati?

Sva ta pitanja muče me, pune mi glavu, i jadna teta Panja mi po ko zna koji put pred očima mili kraj zida, vežba, da ode kući, i stalno mi se priviđa doktor Volođa koji joj stavlja ruku na čelo, ali kako odudara teta Panja od onog stvorenja koje je tako mirno spavalo tada pod poklopcem inkubatora, uvijeno u ružičaste pelene, tako tiho disalo, sklopivši oči, i tako paralo sva srca, osim jednog srca, teta Penje, čuvarke i invalida.

PETRUŠEVSKA PRIPOVEDAČ

Ljudmila Petruševska spada među najznačajnije savremene ruske pisce. Rođena je 1938. godine u Moskvi. Počela je krajem šezdesetih, kao prozni pisac, međutim, postaje poznata prvo kao dramaturg. I njene priče, i drame, teško se probijaju do publike – izuzetno retke i malobrojne časopisne publikacije, administrativne zapreke za izvođenje – sve do najnovijeg vremena. Uprkos tome, uživa, a sa promenama u književnom procesu uspeva i da zadrži, jedinstvenu reputaciju elitnog pisca. Poslednjih godina izlaze joj knjige koje sumiraju pređeni put (ujedno to su i prve knjige), a važnije nove stvari premijeru doživljavaju u glavnom književnom časopisu „Novi mir".

Petruševska je raznovrstan autor. Kao prozaik neguje kratku i dužu priču, a nedavno je objavila i povest *Vreme noć* (1992) koja se po složenosti i punoći sadržaja bliži romanu. Piše veoma specifične bajke, a jedan od izdanaka ovog njenog rada jeste scenarij za poznati crtani film Jurija Noroštejna *Bajka nad bajkama* koji je proglašavan za najbolji crtani film svih vremena (Los Anđeles, 1984). Kao pesnik za sada je objavila jedno delo – *Karamzin. Seoski dnevnik* (1994), koje je i u ovo doba obilja svakakvih eksperimenata i modernih postupaka u ruskoj književnosti izazvalo estetsku začuđenost. Posebno poglavlje predstavlja njeno dramsko delovanje. Ono obuhvata celovite drame i jednočinke (takođe – i veoma originalne drame-bajke za decu). Pozorište Petruševske blisko je njenoj prozi, zajednički su im tematika i, pre svega, originalnost, viđenje sveta. U slučaju dramskog žanra, dosledno sproveden, ovakav postupak, čini nam se, dovodi do nastanka pozorišnog sistema. Pozorište Petruševske – njene drame *Časovi muzike, Tri devojke u plavom, Činzano, Rođendan Smirnove,* jednočinke – zaista je nešto posebno u odnosu na celokupnu dramsku tradiciju.

Njena proza nije ništa manje značajna (nezahvalni posao poređenja i valorizacije prekratićemo, ako izreknemo rizičnu i nepopularnu, ali ovde umesnu tvrdnju da se, po nama, radi o velikoj književnosti) i nije samo jedna varijanta njene dramaturgije, kao što nije ni obratni slučaj. U skladu sa zakonima žanra, u svakom od njih rešavaju se različiti zadaci.

Proza Petruševske predstavlja dalji razvoj urbane tematike. U središtu njene pažnje su međuljudski odnosi, pritom ono što može da se smatra kao primarno, lično, privatno. To je, dakle, predmet njenih interesovanja i predmet za priču koja se ipak daje na fonu šire slike (ne direktno, u podtekstu – mnoštva pojedinačnih sudbina i univerzalnosti ljudskih ispoljavanja). Sve je kod nje autentično i direktno, što je u izravnoj vezi s prirodom njenog dara. Petruševska je jak autor, uz to veoma samosvestan. To rezultira pričama, uglom gledanja i atmosferom kakvi ranije nisu bili poznati u književnosti.

Biologija, sociologija i psihologija igraju veliku ulogu u proznom svetu Petruševske. Čovek kao mnogostrano biološko biće, posebno kao česta žrtva najrazličitijih, posebno teških bolesti, važan je momenat u pričama Petruševske. Sociološko kao mehanizam organizovanja društva i društvenih veza. I psihologija, u kojoj važnu ulogu igra iracionalni momenat ponašanja junaka.

Petruševska je izuzetan pripovedač po svim elementima svog pisma. Ona zaista vlada svim književnim sredstvima koja koristi (a njih ima mnogo i često se veoma suptilno i raznovrsno primenjuju i kombinuju); međutim, ne radi se o nekakvoj konstruisanoj književnosti, već zaista o izrazu određenog doživljaja. Pri čitanju Petruševske nema nikakve sumnje u autentičnost saopštenog. Ona zaista vidi stvari na način na koji nam ih saopštava, i to je potpuno legitimno. Pritom, a to je i njena namera i ubeđenje, ispoljava se da se ono o čemu nam ona priča izravno dotiče suštinskog, govori o njemu, njime se bavi.

Iako, svaka priča za sebe, govori o pojedinačnim slučajevima (jednom junaku ili grupi junaka), priče se bave stanjem stvarnosti, a idu i dalje – do univerzalnog, do kraja, poslednjih pitanja od kojih se dalje ne može.

Poseban, naročit segment kazivanja jeste psihologizam, koji je ovde takođe poseban s obzirom da je radnja kod Petruševske bitno pomerena u odnosu na ono što se tradicionalno uzima za predmet priče – njeni sižei, u svojoj trivijalnosti, svakodnevnosti, neočekivano su ekscentrični. To su različite egzistencijalne katastrofe, većeg ili manjeg obima, različita odstupanja od normalnog ponašanja (onog što se smatra za takvo), njihov nastanak i posledice. Psihologija, ovde prisutna, jeste psihologija bez racionalnog; upravo u njoj racionalno ne dominira, svojevrsna psihologija kako junaka, tako i stvarnosti (s tim da se ne radi o ludacima, patološkim odstupanjima, već, naprotiv, o logici same stvarnosti, običnim ljudima i svakodnevici koja nam je odlično poznata). I kao analitičar bez prethodnika u ovoj nepreglednoj i nepoznatoj oblasti, kao pripovedač o pojavama, ljudima i događajima koji ulaze u fokus njene pažnje, Petruševska je nesumnjivi virtuoz.

Petruševsku je najbolje čitati bez komentara, njene priče govore same po sebi. One sadrže dovoljnu dozu neposrednosti i dotiču u čitaocu žicu koja u njemu nesumnjivo postoji. One mu se obraćaju kao ravnom, i tu nastaje razmena između pisaca i čitaoca. U tom smislu smo se mi ovde (komentarišući delo Petruševske) našli u nezahvalnoj poziciji.

Zorislav PAUNKOVIĆ

SADRŽAJ

Besmrtna ljubav 5
Grip 9
Elegija 14
Ko će odgovarati.......................... 21
Preko polja 23
Jarac Vanja............................... 26
Verini doživljaji 32
Mračna sudbina........................... 42
Dete 45
Čika Griša 49
Otac i majka.............................. 54
Posebna devojka.......................... 59
Gost 75
Meseci 80
U svom krugu............................. 85
Trideset godina........................... 113
Njura prekrasna 126
Novi Robinzoni 129
Mreže i zamke 142
I eto vam briga 155
Smisao života............................. 162
Milgrom................................... 165
O, srećo 171
Jadno panjino srce 176
Zorislav Paunković: Petruševska kao pripovedač.... 183

Izdavačko preduzeće
RAD
Beograd, Dečanska 12

*

Glavni urednik
IVAN GAĐANSKI

*

Grafički urednik
MILAN MILETIĆ

*

Lektor
MILADIN ĆULAFIĆ

*

Korektori
NADA GAJIĆ
MIROSLAVA STOJKOVIĆ

*

Nacrt za korice
JANKO KRAJŠEK

Realizacija
ALJOŠA LAZOVIĆ

*

Za izdavača
SIMON SIMONOVIĆ

*

Štampa
Elvod-print, Lazarevac

CIP – Katalogizacija u publikaciji
Narodna biblioteka Srbije, Beograd

882-32

ПЕТРУШЕВСКА, Људмила
    Besmrtna ljubav / Ljudmila Petruševska ; [s ruskog preveo Duško Paunković]. – Beograd ; Rad, 1999 (Lazarevac : Elvod-print). – 187 str. ; 18 cm. – (Reč i misao. Jubilarno kolo ; knj. 455)

Str. 183–185. Petruševska kao pripovedač / Zorislav Paunković.

ISBN 86-09-00376-0

ID=387082236

www.ingramcontent.com/pod-product-compliance
Lightning Source LLC
Chambersburg PA
CBHW071709090426
42738CB00009B/1715